中国科学技术大学研究生教育创新计划系列教材

Python 金融数据分析
——数据驱动金融

张曙光　韦勇凤　编著

中国科学技术大学研究生教材出版专项经费支持

科学出版社
北京

内 容 简 介

本书是为金融学专业本科生及研究生编著的一本入门级 Python 金融数据分析教程。随着金融科技的发展，金融学专业学生学习 Python 编程语言已是一个大趋势。目前 Python 教程很多，但针对金融学专业的教程比较少。本书介绍了 Python 在金融数据分析中常用的基础工具，包括 NumPy、Pandas、Matplotlib、TensorFlow、Keras 等，同时给出了 40 多个金融数据分析的经典案例，包括股票市场数据分析、债券市场数据分析、衍生品市场数据分析、投资组合案例分析、金融模型模拟、机器学习股价预测、期权定价综合应用场景案例、层次风险平价方法应用场景案例以及深度学习在金融市场中的应用场景案例等。

本书可供金融学专业学生参考，还可供金融从业人员及其他对用 Python 进行金融数据分析感兴趣者阅读。

图书在版编目(CIP)数据

Python 金融数据分析：数据驱动金融/张曙光，韦勇凤编著. —北京：科学出版社，2022.3

中国科学技术大学研究生教育创新计划系列教材

ISBN 978-7-03-071117-5

Ⅰ. ①P… Ⅱ. ①张… ②韦… Ⅲ. ①软件工具-程序设计-应用-金融-数据处理-教材 Ⅳ. ①F830.41-39

中国版本图书馆 CIP 数据核字(2021)第 268587 号

责任编辑：蒋 芳/责任校对：杨聪敏

责任印制：赵 博/封面设计：许 瑞

科 学 出 版 社 出版

北京东黄城根北街 16 号

邮政编码：100717

http://www.sciencep.com

天津市新科印刷有限公司 印刷

科学出版社发行 各地新华书店经销

*

2022 年 3 月第 一 版 开本：720×1000 1/16

2024 年 1 月第四次印刷 印张：9

字数：181 000

定价：69.00 元

(如有印装质量问题，我社负责调换)

前　言

随着金融科技的发展，金融学专业学生学习 Python 编程语言已是一个大趋势。目前 Python 教程虽然很多，但针对金融学专业的教程还比较少。因此我们结合教学经验，编著了本教程来满足金融学专业读者的需求。这是一本面向金融学专业的本科生及研究生的入门级 Python 金融数据分析教程。在本教程中，我们介绍了 Python 在金融数据分析中常用的基础工具，包括 NumPy, Pandas, Matplotlib, TensorFlow, Keras 等，同时我们给出了 40 多个金融数据分析的经典案例，包括股票市场数据分析、债券市场数据分析、衍生品市场数据分析、投资组合案例分析、金融模型模拟、机器学习股价预测、期权定价综合应用场景案例、层次风险平价方法应用场景案例以及深度学习在金融市场中的应用场景案例等。

本教程案例选取的数据大多数是中国市场的新近的数据，我们希望能紧跟时代，服务于中国金融市场相关人才的培养。教程从基本的金融概念，到 Python 编程的常用工具，一步一步把读者带进金融数据分析的编程世界。通过本教程的指导，读者可以熟悉 Python 编程平台，并能深入学习目前最核心的 Python 编程工具在金融行业中的应用。如果读者是 Python 编程新手，可以轻松入门；如果读者对 Python 编程已有一定基础，可以更深入学习目前较为前沿的金融分析和应用场景。读者在使用本书过程中，如需本书所用到的数据和源代码，或有任何反馈，均可联系以下邮箱：mfe@ustc.edu.cn。

在本教程编著过程中，我们得到了安徽省教育厅教学改革项目、中国科学技术大学研究生创新教材项目以及中国科学技术大学国际金融研究院金融信息安全中心的资助。颜香贞博士生、何智鹏博士生、邹韧豪硕士生、张洪宇硕士生、徐春雪硕士生为本书案例数据收集、程序调试做了大量的协助工作。在此一并表示感谢！

作　者

2021 年 4 月

目　　录

第1章 Python与金融

1.1 Python 简介

Python 是由 Guido van Rossum 在 20 世纪 80 年代末和 90 年代初，在荷兰国家数学和计算机科学研究所设计出来的。Python 本身也是由诸多其他语言发展而来的，其中包括 ABC、Modula-3、C、C++、Algol-68、Smalltalk、Unix Shell 和其他的脚本语言等。现在 Python 是由一个核心开发团队在维护，Guido van Rossum 依然发挥至关重要的作用，指导其进展。Python 已成为世界上最流行的编程语言。

Python 是一个高层次的结合了解释性、编译性、互动性和面向对象的脚本语言，具有很强的可读性。Guido van Rossum 将 Python 描述为“高级编程语言，其核心设计理念在于代码的可读性和允许程序员用几行代码表达思想的语法”。

Python 有如下特征：

（1）Python 是一种解释型语言。这意味着开发过程中没有了编译这个环节，类似于 PHP 和 Perl 语言。

（2）Python 是交互式语言。这意味着可以在一个 Python 提示符“>>>”后直接执行代码。

（3）Python 是面向对象语言。这意味着 Python 支持面向对象的风格或将代码封装在对象的编程技术。

（4）Python 是初学者的语言。Python 对初级程序员而言，是一种“友好”的语言，它支持广泛的应用程序开发：从简单的文字处理到 WWW 浏览器再到游戏开发。

Python 为我们提供了非常完善的基础代码库，覆盖了网络、文件、GUI、数据库、文本等大量内容，被形象地称作“内置电池”（batteries included）。用 Python

开发，许多功能不必从零编写，直接使用现成的程序即可。

除了内置的库外，Python 还有大量的第三方库和封装库可供人所用。

Python 有如下的优点：

（1）易于学习。Python 有相对较少的关键字、结构简单、语法定义明确、学习起来更为简单，初学者是极为容易上手的。

（2）易于阅读。Python 代码定义明确清晰，可读性强。阅读一个良好的 Python 程序类似于阅读一篇语法严谨的英语文章，可以让读者专注于解决问题而不是语言本身。

（3）易于维护。Python 成功的重要方面在于它的源代码维护相对容易。

（4）互动模式。可从终端输入执行代码并获得结果，可以互动测试和调试代码片段。

（5）可移植。基于其开放源代码的特性，Python 可以被移植到许多其他平台。

（6）兼容性好。Python 的库是跨平台的，在 UNIX、Windows 和 Macintosh 都可以良好兼容。

（7）数据库接口。Python 提供了所有主要的商业数据库接口。

（8）GUI 编程。支持 GUI，可以创建和移植到很多系统调用。

（9）可扩展。可以使用 C 或 C++等其他语言完成一段代码，从 Python 程序中调用。

（10）可嵌入。可以将 Python 程序嵌入到 C 或 C++等程序。

Python 也有一些缺点。

第一个缺点就是运行速度慢。和 C 程序相比，Python 程序非常慢，这是因为 Python 是解释型语言，代码在执行时会一行一行地翻译成 CPU 能理解的机器码，这个翻译过程非常耗时。

第二个缺点就是代码不能加密。如果要发布你的 Python 程序，实际上就是发布源代码。C 语言不用发布源代码，只需要把编译后的机器码（也就是在 Windows 上常见的*.exe 文件）发布出去，要从机器码反推出 C 代码是不可能的。

1.2 金融科技发展

金融科技是技术驱动的金融创新，旨在运用现代科技成果改造或创新金融产品、经营模式、业务流程等，推动金融发展提质增效。从 IT 技术对金融行业的推动和变革角度来看，至今为止金融科技经历三大发展阶段：

金融 IT 阶段：主要是指金融行业通过传统的 IT 软硬件来实现办公和业务的电子化，提高金融行业的业务效率。IT 公司并不参与金融公司的业务环节，IT 系统在金融公司体系内属于成本部门。代表性产品包括 ATM、POS 机、银行的核心交易系统、信贷系统、清算系统等。

互联网金融阶段：金融业搭建在线业务平台，通过互联网或者移动终端渠道汇集海量用户，实现金融业务中资产端、交易端、支付端、资金端等任意组合的互联互通，达到信息共享和业务撮合，本质上是对传统金融渠道的变革。代表性业务包括互联网基金销售、P2P 网络借贷、互联网保险、移动支付等。

金融科技阶段：金融业通过大数据、云计算、人工智能、区块链等最新 IT 技术应用，改变传统金融的信息采集来源、风险定价模型、投资决策过程、信用中介角色等，大幅提升传统金融的效率，解决传统金融的痛点。代表技术如大数据征信、智能投顾、供应链金融等。

随着金融科技的发展，Python 也成为了金融分析的最佳编程语言。

1.3 金融数据分析

金融数据分析就是对与股票、债券、基金等有关的金融数据进行数据分析，以达到产品定价、组合构建、优化等目的。现在我们已经步入大数据时代，不断增长的金融数据量，也对数据处理速度和频率提出要求。

进入 21 世纪以来，在行业应用和学术研究中采用 Python 进行科学计算的势头越来越猛，Python 中不断改良的库也让 Python 在数据分析和交互、探索性计算以及数据可视化等方面表现十分出色。

1.4 Python 在金融中的应用

Python 的语法很容易实现那些金融算法和数学计算，每个数学语句都能转变成一行 Python 代码，每行允许超过十万的计算量。同时，Python 也支持严格的编码模式。

Python 语法精确和简洁，它具有大量宝贵的第三方工具，这使它成为处理金融行业错综复杂的事务唯一可靠的选择。

因此，Python 广泛应用于金融大数据处理、量化交易、风险管理和其他金融分析领域。

第2章 Python入门

2.1 Anaconda

Anaconda 是一个免费开源的 Python 语言的发行版本，用于计算科学（数据科学、机器学习、大数据处理和预测分析），Anaconda 致力于简化包管理和部署，支持 Linux、Windows 和 Mac 系统。Anaconda 的包使用软件包管理系统 Conda 进行管理。超过 1200 万人使用 Anaconda 发行版本，并且 Anaconda 拥有超过 1400 个适用于 Linux、Windows 和 Mac 系统的数据科学软件包。

Anaconda 安装成功后，在 Conda 已经集成配置的 IDE 当中，可用于 Python 编译的编译器有 Spyder 和 Jupyter Notebook。其中，Spyder 比较适合进行数据分析等工作，Jupyter Notebook 比较适合将教学报告处理成 html 以供检阅。但两者都不适合编写大规模脚本。

要获得更多 Anaconda 相关知识可前往软件主页 https://www.anaconda.com/了解信息。

2.2 NumPy

NumPy 是 Numerical Python 的缩写，是 Python 语言的一个扩充程序库。支持大量高级的数组与矩阵运算，此外也针对数组运算提供大量的数学函数库。我们可以用 NumPy 进行一些基本的数据分析工作，如用于数据清理、子集构造、描述统计、数据聚合、异构数据集的合并等数据处理工作。

NumPy 最重要的一个特点就是它的 *N* 维数组对象，该对象是一个通用的同构数据多维容器，可以利用这种数组对整块数据执行一些数学运算，而不需要使用

Python 的 for 循环，可以提升运行的效率。

本节将介绍 NumPy 数组的基本用法，一方面，使用 NumPy 数组可以大大提升效率；另一方面，NumPy 数组也是后面学习 Pandas 的基础。

1. NumPy 安装

conda install numpy 或

pip install numpy

可通过以下程序验证是否安装成功。

```
from numpy import *    #导入 NumPy 库
eye (5)            #生成 5*5 对角矩阵
```

2. 数组

NumPy 简单创建数组是使用 array 函数，以列表的转换为例：

```
import numpy as np
a = [0,1, 2, 3, 4,5]    # 创建简单的列表
b = np.array(a)   # 将列表转换为数组
```

除了 np.array，还有一些方法可以创建多维数组，例如，zeros 和 ones 分别可以创建指定长度或形状的全 0 或全 1 的数组。

```
array_one = np.ones([10,10])   #创建 10 行 10 列的数值为浮点 1 的矩阵
array_zero = np.zeros([10,10])#创建 10 行 10 列的数值为浮点 0 的矩阵
```

NumPy 还可以通过 np.random 创建随机数组：

```
np.random.rand(10, 10)        #创建 10 行 10 列的数组(数值范围在 0 至 1 之间)
np.random.uniform(0, 100)   #创建 0 到 100 范围内的一个数
np.random.randint(0, 100)   #创建 0 到 100 范围内的一个整数
np.random.normal(1.75, 0.1, (2, 3)) #给定均值/标准差/维度的正态分布
```

3. NumPy 查看数组属性

```
b.size          #数组元素个数
b.shape         #数组形状
b.ndim          #数组维度
b.dtype         #数组元素类型
```

4. 数组索引：获取单个元素

在一维数组中，可以通过中括号指定索引获取第 i 个值（从 0 开始计数），如果用负值索引，则可以获取数组的末尾索引，对于多维数组可以用逗号分隔。在 NumPy 中可以用上述索引方式修改元素值，但是 NumPy 数组是固定类型的，所以修改的时候要注意类型的统一。

```
b[1]  #获取第 2 个元素
b[-1]  #获取倒数第 1 个元素
c = np.random.normal(1.75, 0.1, (2, 3))  #创建 2 行 3 列的正态分布数组
c[0,0]  #获取第 1 行第 1 列的数据
b[0]=9  #将 b 中第 1 个元素改成 9
```

5. 数组切片：获取子数组

NumPy 可以通过切片获得子数组，切片的方式是：x[start:stop:step]，默认值是 start=0，stop=维度的大小，step=1。

```
b[:2]   #前两个元素
b[::2]  #每隔一个元素取
c[:1,:]  #第一行
```

但有一点要注意的是，在 NumPy 中修改子数组时原始数组也会被修改，如果想要保留原始的数组不变，就需要用 copy()方法先复制数组。

6. 数组的变形、拼接、分裂

可以通过 reshape()函数来实现数组的变形，但是这里要注意原始数组大小和变形后的数组大小要一致。

```
x = np.arange(1,17).reshape((4,4))  #将数字 1 到 16 放入 4×4 的矩阵中
```

可以通过 np.concatenate、np.vstack、np.hstack 来实现数组的拼接，np.concatenate 的使用方法是 np.concatenate（[x,y]），在拼接二维数组时，默认沿着第一个维度拼接，这时的功能与 np.vstack([x,y])相同，若加参数 axis=1，则沿第二个维度拼接，这时的功能与 np.hstack([x,y])相同。

可以通过 np.split、np.vsplit、np.hsplit 来实现数组的分裂，参数包括要分裂的数组和用索引列表记录的分裂点位置，N 个分裂点会得到 N+1 个子数组。与拼接类似，np.vsplit 是沿着第一个维度分裂，np.hsplit 是沿着第二个维度分裂。

```
y = np.arange(1,9)
y1,y2,y3 = np.split(y,[2,4])
```

7. NumPy 数组的计算

NumPy 数组中有很多通用函数，利用这些函数可以实现向量化操作，可以提高数组元素的重复计算的效率，表 2.1 介绍了 NumPy 的通用函数。

表 2.1　NumPy 通用函数

函数	作用
abs	取绝对值
sqrt	求平方根
square	求平方
exp,exp2,	求指数值
log,log10,log2,log1p	对数函数
sign	求数组每个元素的符号
ceil	对每个元素，求大于其值的最小整数
floor	对每个元素，求小于其值的最大整数
rint	对每个元素，将其近似到最接近的整数，保持原来的数据类型
modf	给出每个元素的小数部分和整数部分
isnan	检测每个元素是否为 NaN (not a number)
Isfinite,isinf	检测每个元素是否为有限值或无限值
cos,cosh,sin,sinh,tan,tanh	三角函数
arccos,arccosh,arcsin,arcsinh,arctan,arctanh	反三角函数

表 2.2　二元通用函数

函数	作用
add	两个数组对应元素相加
substract	两个数组对应元素相减
multiply	两个数组对应元素相乘
divide floor_divide	两个数组对应元素相除
power	求指数函数值
maximum, fmax	两个数组对应元素的最大值
minimum, fmin	两个数组对应元素的最小值
mod	两个数组对应元素求余数
copysign	将第二个数组的对应元素的符号复制到第一个数组的对应元素

获取更多 NumPy 相关知识，可前往 NumPy 官方主页 https://numpy.org/以及 NumPy 源代码网页：https://github.com/numpy/numpy。

2.3 Pandas

Pandas 是在 NumPy 基础上建立的新程序库，Pandas 有三种数据结构：Series、Dataframe 和 Index。其中 Dataframe 对象相比 NumPy 数组特别之处在于它带有行标签和列标签，在处理时间序列数据上更为灵活，可以为数据添加标签、处理缺失值等。

Pandas 的 Series 对象是一个带索引数据的一维数组，和 NumPy 数组的差异就在于索引，NumPy 数组是通过隐式索引来获取数值，而 Series 对象则通过显式索引来获取数值。

创建 Series 对象的方法都是像这样的形式：pd.Series(data,index=index)。其中 index 是一个可选参数，data 参数支持多种数据类型，可以是列表或 NumPy 数组，可以是标量，也可以是字典。

```
import numpy as np
import pandas as pd
labels_example = ['a', 'b','c']
list_example = [10,20,30]
dictionary_example = {'a':10, 'b':20,'c':30}
arr_example = np.array ([10,20,30])
data1 = pd.Series(data = labels_example)
data2 = pd.Series(list_example)
data3 = pd.Series(dictionary_example)
data4 = pd.Series(arr_example, index = [1,2,3])
```

Pandas 的 DataFrame 对象是一个既带有行索引又带有灵活的列名的二维数组，也可以把 DataFrame 对象理解成若干有序排列的 Series 对象。

创建 DataFrame 对象的方法有很多，可以通过单个 Series 对象来创建，可以通过字典列表来创建，可以通过 Series 对象字典来创建，还可以通过 NumPy 二维数组来创建，下面举几个例子：

```
pd. DataFrame(data1,columns = ['a']) #通过单个 Series 对象创建
data2 = [{'a':i, 'b':10*i}for i in range(3)]
```

```
pd.DataFrame(data2)  #通过字典列表创建
data = pd.DataFrame(np.random.rand(2,3),columns = ['a','b','c'],
index=['1','2']) #通过 NumPy 二维数组创建
```

Pandas 的 Series 和 DataFrame 对象都使用了不同于 NumPy 的显式索引，这里的 index 对象和数组很相似，只是 index 对象的索引是不可变的。

1. 索引、切片

Series 对象和 NumPy 数组一样具备索引切片等功能，不同的是 Series 对象既可以用显式索引，也可以用隐式索引。但要注意在切片时，使用显式索引进行切片时，结果包含最后一个索引，而当使用隐式索引时，结果不包含最后一个索引。另外整数索引也很容易造成混淆，这时可以通过一些索引器属性来说明取值和切片是显式的还是隐式的。当使用 loc 属性时，表示取值和切片是显式的；当使用 iloc 属性，表示取值和切片是隐式的。

```
data3 = pd.Series(['a','b','c'],index = [1,2,3])
data3.loc[1]  #显式索引
data3.iloc[1]  #隐式索引
```

前面说到 DataFrame 对象可以看作是既带行索引又带列名的二维数组，因此在索引、切片时也与数组相仿。可以用 values 属性按行查看数组数据，然后使用行索引获取数据，而获取列数据就需要通过列名来索引。与 NumPy 类似，可以通过 iloc 索引器来说明索引和切片是隐式索引。另外，与 NumPy 相似，每一种取值方法都可以用于调整数据。

```
data.values  #按行查看数组数据
data.values[0]  #获取第一行数据
data['a']       #获取一列数据
data.iloc[:2,:2]  #获取前两行前两列的数据
data.iloc[1,2] = 99  #给第二行第三列数据赋值为 99
```

2. Pandas 的计算

NumPy 可以通过通用函数实现快速计算，Pandas 继承了 NumPy 的功能，也能使用通用函数，而且功能更加强大，Pandas 在使用通用函数时还会自动对齐索引进行计算，这也使得使用 Pandas 处理数据来源不同的数据时会很方便。

由于 Pandas 是建立在 NumPy 基础上的，所以前面介绍的 NumPy 中使用的那

些通用函数 Pandas 中的 Series 对象和 DataFrame 对象都可以使用。在 Pandas 中所有的运算都默认是按行运算，如果想按列运算，可以通过 axis 参数设置，按列运算，设置 axis=0.

下面举个例子来说明一下，Pandas 中独特的索引对齐方式。

```
A = pd. DataFrame(np.random.rand(3,3), columns = ['b', 'c', 'a']
B = pd. DataFrame(np.random.rand(2,2), columns = ['a', 'b']
    A + B
    A = pd. DataFrame(np.random.rand(3,3))
    B = pd. DataFrame(np.random.rand(3,2))
    A + B
```

2.4　Matplotlib

Matplotlib 是建立在 NumPy 数组基础上的多平台数据可视化程序，它能绘制各种折线图、柱形图、直方图、饼形图、散点图等，除此之外，还能绘制一些复杂的图，如：双 y 轴可视化数据分析图表、堆叠柱形图、渐变饼形图、等高线柱形图等。

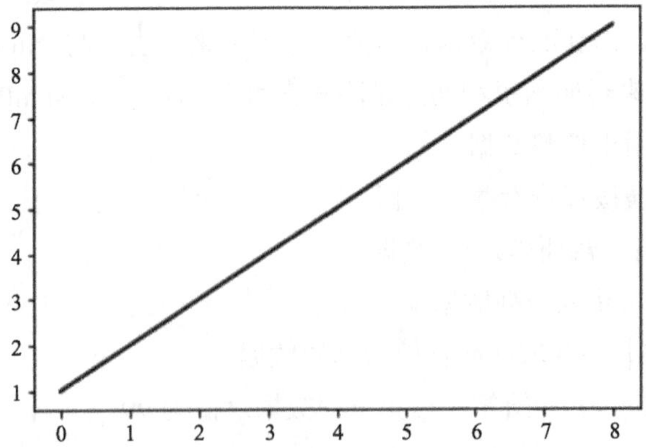

图 2.1　线性图

创建最简单的图表很简单，只需要导入 Matplotlib，引入 pyplot 模块，用 plot 方法绘制图表。plot 函数是 Matplotlib 中的基本绘图函数，plot 函数的语法是 matplotlib.pyplot.plot(x,y,format_string,**kwargs)。其中：x 为 x 轴数据，y 为 y 轴数据，format_string 控制曲线格式的字符串，包括颜色、线条样式和标记样式，

**kwargs 是键值参数。

```
import matplotlib as mpl
import matplotlib.pyplot as plt
%matplotlib inline    #在 notebook 中以静态图形显示
plt.plot([1,2,3,4,5,6,7,8,9], color = 'black')
plt.show()
```

上面这个程序例子是画线性图，还可以用 plot 函数画散点图。

```
import matplotlib as mpl
import matplotlib.pyplot as plt
%matplotlib inline
import numpy as np
x=np.linspace(0,5,30)
y=np.cos(x)
plt.plot(x,y,'o',color = 'black' )
```

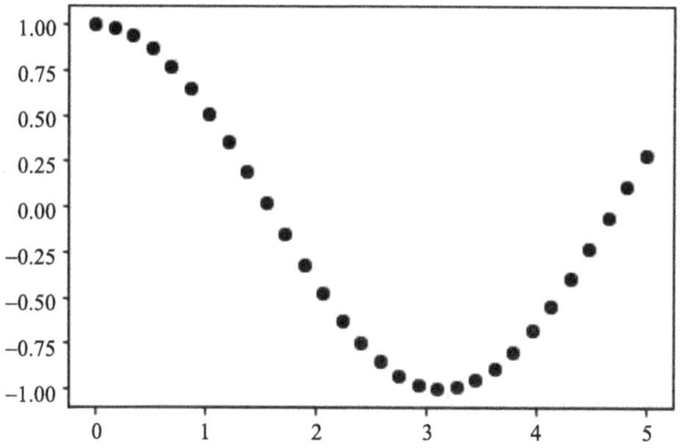

图 2.2　一般散点图

plt.scatter 也可以用来画复杂散点图，其用法和 plt.plot 类似，不同之处在于，plt.scatter 在画散点图时更为灵活，可以让每个散点具有不同的属性（表面颜色、大小等）。

```
rng=np.random.RandomState(0)
x = rng.randn(50)
y = rng.randn(50)
```

```
colors = rng.rand(50)
sizes = 1000*rng.rand(50)
plt.scatter(x,y,c = colors,s = sizes)
plt.colorbar() #显示颜色条
```

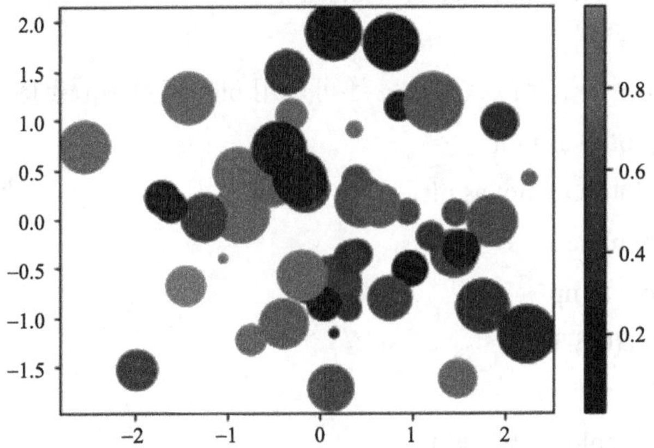

图 2.3　复杂散点图

Matplotlib 中绘制柱形图使用的是 bar 函数，基本语法是

matplotlib.pyplot.bar(x,height,width,bottom=None,*,align='center',data=None,**kwargs)

通过调节参数，bar 函数可以画各种柱形图，比如基本柱形图、多柱形图、堆叠柱形图等。

```
import matplotlib as mpl
import matplotlib.pyplot as plt
%matplotlib inline
import numpy as np
x = [1,2,3,4,5]
height = [9,4,6,7,8]
plt.bar(x,height, color = 'black')
```

Matplotlib 中绘制直方图使用的是 hist 函数，绘制饼形图的是 pie 函数，绘制面积图的是 area 函数，绘制箱形图的是 boxplot 函数，具体用法以及 Matplotlib 的更多功能可以参见 Matplotlib 官网 https://matplotlib.org/。

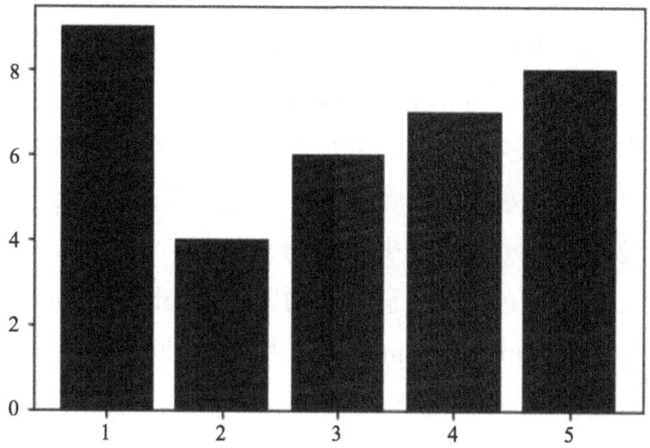

图 2.4 柱形图

2.5 NumPy 功能方法总结

1. 数组方法

1）创建数组：arange()创建一维数组；array()创建一维或多维数组，其参数是类似于数组的对象，如列表等。

2）读取数组元素：如 a[0],a[0,0]。

3）数组变形：如 b=a.reshape(2,3,4)将得到原数组变为 2×3×4 的三维数组后的数组；或是 a.shape=(2,3,4)或 a.resize(2,3,4)直接改变数组 a 的形状。

4）数组组合：水平组合 hstack((a,b))或 concatenate((a,b),axis=1);垂直组合 vstack((a,b))或 concatenate((a,b),axis=0);深度组合 dstack((a,b))。

5）数组分割（与数组组合相反）：分别有 hsplit,vsplit,dsplit,split(split 与 concatenate 相对应)。

6）将 np 数组变为 py 列表：a.tolist()。

7）数组排序（小到大）：列排列 np.msort(a)，行排列 np.sort(a)，np.argsort(a)排序后返回下标。

8）0 复数排序：np.sort_complex(a)按先实部后虚部排序。

9）数组的插入：np.searchsorted(a,b)将 b 插入原有序数组 a，并返回插入元素的索引值。

10）类型转换：如 a.astype(int)，np 的数据类型比 py 丰富，且每种类型都有转换方法。

11）条件查找，返回满足条件的数组元素的索引值：np.where(条件)。

12）条件查找，返回下标：np.argwhere(条件)。

13）条件查找，返回满足条件的数组元素：np.extract([条件],a)。

14）根据 b 中元素作为索引，查找 a 中对应元素：np.take(a,b)一维。

15）数组中最小最大元素的索引：np.argmin(a)，np.argmax(a)。

16）多个数组的对应位置上元素大小的比较：np.maximum(a,b,c,……)返回每个索引位置上的最大值，np.minimum(……)相反，返回每个索引位置上的最小值。

17）将 a 中元素都置为 b：a.fill(b)。

18）每个数组元素的指数：np.exp(a)。

19）生成等差行向量：如 np.linspace(1,6,10)则得到 1 到 6 之间的均匀分布，总共返回 10 个数。

20）求余：np.mod(a,n)相当于 a%n，np.fmod(a,n)仍为求余且余数的正负由 a 决定。

21）计算平均值：np.mean(a)。

22）计算加权平均值：np.average(a,b),其中 b 是权重。

23）计算数组的极差：np.pth(a)=max(a)–min(a)。

24）计算方差（总体方差）：np.var(a)。

25）标准差：np.std(a)。

26）算术平方根，a 为浮点数类型：np.sqrt(a)。

27）对数：np.log(a)。

28）点积（计算两个数组的线性组合）：np.dot(a,b)，即得到 a*b（一维上是对应元素相乘，多维可将 a*b 视为矩阵乘法。

29）修剪数组，将数组中小于 x 的数均换为 x，大于 y 的数均换为 y：a.clip(x,y)。

30）所有数组元素乘积：a.prod()。

31）数组元素的累积乘积：a.cumprod()。

32）数组元素的符号：np.sign(a)，返回数组中各元素的正负符号，用 1 和 –1 表示。

33）数组元素分类：np.piecewise(a,[条件],[返回值])，分段给定取值，根据判断条件给元素分类，并返回设定的返回值。

34）判断两数组是否相等： np.array_equal(a,b)。

35）判断数组元素是否为实数： np.isreal(a)。

36）去除数组中首尾为 0 的元素：np.trim_zeros(a)。

37）对浮点数取整，但不改变浮点数类型：np.rint(a)。

2. 数组属性

1）获取数组每一维度的大小：a.shape。

2）获取数组维度：a.ndim。

3）元素个数：a.size。

4）数组元素在内存中的字节数：a.itemsize。

5）数组字节数：a.nbytes==a.size*a.itemsize。

6）数组元素覆盖：a.flat=1，则a中数组元素都被1覆盖。

7）数组转置：a.T。

3. 矩阵方法

1）创建矩阵：np.mat('…')通过字符串格式创建，np.mat(a)通过数组创建，也可用matrix或bmat函数创建。

2）创建复合矩阵：np.bmat('A B','AB')，用A和B创建复合矩阵AB（字符串格式）。

3）创建n*n维单位矩阵：np.eye(n)。

4）矩阵的转置：A.T。

5）矩阵的逆矩阵：A.I。

6）计算协方差矩阵：np.cov(x)，np.cov(x,y)。

7）计算矩阵的迹（对角线元素和）：a.trace()。

8）相关系数：np.corrcoef(x,y)。

9）给出对角线元素：a.diagonal()。

4. 多项式

1）多项式拟合：poly= np.polyfit(x,a,n)，拟合点集a得到n级多项式，其中x为横轴长度，返回多项式的系数。

2）多项式求导函数：np.polyder(poly)，返回导函数的系数。

3）得到多项式的n阶导函数：多项式.deriv(m = n)。

4）多项式求根：np.roots(poly)。

5）多项式在某点上的值：np.polyval(poly,x[n]),返回 poly 多项式在横轴点上x[n]上的值。

6）两个多项式做差运算： np.polysub(a,b)。

5. 线性代数

1）估计线性模型中的系数：a=np.linalg.lstsq(x,b)，有 b=a*x。

2）求方阵的逆矩阵：np.linalg.inv(A)。

3）求广义逆矩阵：np.linalg.pinv(A)。

4）求矩阵的行列式：np.linalg.det(A)。

5）解形如 AX=b 的线性方程组：np.linalg.solve(A,b)。

6）求矩阵的特征值：np.linalg.eigvals（A）。

7）求特征值和特征向量：np.linalg.eig(A)。

8）Svd 分解：np.linalg.svd(A)。

6. 概率分布

1）产生二项分布的随机数：np.random.binomial(n,p,size=…)，其中 n,p,size 分别是每轮试验次数、概率、轮数。

2）产生超几何分布随机数：np.random.hypergeometric(n1,n2,n,size=…)，其中参数意义分别是物件 1 总量、物件 2 总量、每次采样数、试验次数。

3）产生 *N* 个正态分布的随机数：np.random.normal(mean,sigma,N)。

4）产生 *N* 个对数正态分布的随机数：np.random.lognormal(mean,sigma,N)。

7. Matpoltlib 简单绘图方法

1）引入简单绘图的包 import matplotlib.pyplot as plt，最后用 plt.show()显示图像。

2）基本画图方法：plt.plot(x,y)，plt.xlabel(‘x’)，plt.ylabel(‘y’)，plt.title(‘…’)。

3）子图：plt.subplot(abc)，其中 abc 分别表示子图行数、列数、序号。

4）创建绘图组件的顶层容器：fig = plt.figure()。

5）添加子图：ax = fig.add_subplot(abc)。

6）设置横轴上的主定位器：ax.xaxis.set_major_locator(…)。

7）绘制直方图：plt.hist(a,b)，a 为长方形的左横坐标值，b 为柱高。

8）绘制散点图：plt.scatter(x,y,c = ‘…’,s = ‘…’)，c 表示颜色，s 表示大小。

9）添加网格线：plt.grid(True)。

10）添加注释：如 ax.annotate('x', xy=xpoint, textcoords='offsetpoints',xytext=

(-50, 30), arrowprops=dict(arrowstyle="->"))。

11）增加图例：如 plt.legend(loc='best', fancybox=True)。

12）对坐标取对数：横坐标 plt.semilogx()，纵坐标 plt.semilogy()，横纵同时 plt.loglog()。

2.6 Pandas 功能方法总结

1. 生成数据表

1）首先导入 Pandas 库，一般都会用到 NumPy 库，先导备用：

```
import numpy as np
import pandas as pd
```

2）导入 csv 或者 xlsx 文件：

```
data = pd.DataFrame(pd.read_csv('name.csv',header=1))
data = pd.DataFrame(pd.read_exce('name.xlsx'))
```

3）用 Pandas 创建数据表：

```
df = pd.DataFrame({"id":[1001,1002,1003,1004,1005,1006],
"date":pd.date_range('20130102', periods=6),
"city":['Beijing ', 'SH', ' guangzhou ', 'Shenzhen', 'shanghai', 'BEIJING '],
"age":[23,44,54,32,34,32],
"category":['100-A','100-B','110-A','110-C','210-A','130-F'],
"price":[1200,np.nan,2133,5433,np.nan,4432]},
columns =['id','date','city','category','age','price'])
```

2. 数据表信息查看

1）维度查看：

```
data.shape
```

2）数据表基本信息（维度.列名称.数据格式.所占空间等）

```
data.info()
```

3）每一列数据的格式：

```
data.dtypes
```

4）某一列格式：

data[‘B’].dtype

5）空值：

data.isnull()

6）查看某一列空值：

data[‘B’].isnull()

7）查看某一列的唯一值：

data[‘B’].unique()

8）查看数据表的值：

9）data.values

10）查看列名称：

data.columns

11）查看前 10 行数据、后 10 行数据：

data.head() #默认前 10 行数据

data.tail() #默认后 10 行数据

3. 数据表清洗

1）用数字 0 填充空值：

data.fillna(value=0)

2）使用列 prince 的均值对 NA 进行填充：

data[‘prince’].fillna(df[‘prince’].mean())

3）清除 city 字段的字符空格：

data[‘city’]=df[‘city’].map(str.strip)

4）大小写转换：

data[‘city’]=df[‘city’].str.lower()

5）更改数据格式：

data[‘price’].astype(‘int’)

6）更改列名称：

data.rename(columns={‘category’: ‘category-size’})

7）删除后出现的重复值：

data[‘city’].drop_duplicates()

8）删除先出现的重复值：

data[‘city’].drop_duplicates(keep=‘last’)

9）数据替换：

data['city'].replace('sh', 'shanghai')

4. 数据预处理

```
df1=pd.DataFrame({"id":[1001,1002,1003,1004,1005,1006,1007,1008],
"gender":['male','female','male','female','male','female','male','female'],
"pay":['Y','N','Y','Y','N','Y','N','Y',],
"m-point":[10,12,20,40,40,40,30,20]})
```

1）数据表合并

（1）merge

```
df_inner=pd.merge(df,df1,how='inner')
# 匹配合并，交集
df_left=pd.merge(df,df1,how='left')
df_right=pd.merge(df,df1,how='right')df_outer=pd.merge(df,df1,how='outer')
#并集
```

（2）append

```
result = df1.append(df2)
```

（3）join

```
result = left.join(right, on='key')
```

concat

```
pd.concat(objs, axis=0, join='outer', join_axes=None, ignore_index=False,
          keys=None, levels=None, names=None, verify_integrity=False,
          copy=True)
```

objs: 一个序列或系列、 综合或面板对象的映射。

axis: {0，1，…}，默认值为 0，要连接沿轴。

join: {'内'，'外'}，默认'外'，联盟内、 外的交叉口。

ignore_index: 为布尔值、 默认 False。如果为 True，则不要串联轴上使用的索引值。由此产生的轴将标记 0，…，n–1。

join_axes: 索引对象的列表。

Keys: 序列，默认为无。用于构建分层索引，使用通过的键作为最外面的级别。如果多个级别获得通过，应包含元组。

Levels: 列表的序列，默认为无。

names: 列表，默认为无。由此产生的分层索引中的级的名称。

verify_integrity: 布尔值、默认为 False。检查新的串联的轴是否包含重复项。相对于副本，布尔值、 默认为 True；如果为 False，请不要不必要地复制数据。

例子：1.frames = [df1, df2, df3] 2.result = pd.concat(frames)

2）设置索引列

df_inner.set_index('id')

3）按照特定列的值排序：

df_inner.sort_values(by=['age'])

4）按照索引列排序：

df_inner.sort_index()

5）如果 prince 列的值>3000，group 列显示 high，否则显示 low：

df_inner['group'] = np.where(df_inner['price'] > 3000,'high','low')

6）对符合多个条件的数据进行分组标记：

df_inner.loc[(df_inner['city'] == 'beijing') & (df_inner['price'] >= 4000), 'sign']=1

7）对 category 字段的值依次进行分列，并创建数据表，其索引值为 df_inner 的索引列，列名称为 category 和 size：

pd.DataFrame((x.split('-') for x in df_inner['category'],

index=df_inner.index,columns=['category','size']))

8）将完成分列后的数据表和原 df_inner 数据表进行匹配

df_inner=pd.merge(df_inner,split,right_index=True, left_index=True)

5. 数据提取

主要用到的三个函数：loc，iloc 和 ix，loc 函数按标签值进行提取，iloc 按位置进行提取，ix 可以同时按标签和位置进行提取。

1）按索引提取单行的数值

df_inner.loc[3]

2）按索引提取区域行数值

df_inner.iloc[0:5]

3）重设索引

df_inner.reset_index()

4）设置日期为索引

df_inner=df_inner.set_index('date')

5）提取 2013-01-04 日之前的所有数据

df_inner[:'2013-01-04']

6）使用 iloc 按位置区域提取数据

df_inner.iloc[:3,:2]　#冒号前后的数字不再是索引的标签名称，而是数据所在的位置，从 0 开始，前三行，前两列。

7）适应 iloc 按位置单独提起数据

df_inner.iloc[[0,2,5],[4,5]] #提取第 0、2、5 行，4、5 列

8）使用 ix 按索引标签和位置混合提取数据

df_inner.ix[:'2013-01-03',:4] #提取 2013-01-03 号之前，前四列数据

9）判断 city 列的值是否为北京

df_inner['city'].isin(['beijing'])

10）判断 city 列里是否包含 beijing 和 shanghai，然后将符合条件的数据提取出来

df_inner.loc[df_inner['city'].isin(['beijing','shanghai'])]

11）提取前三个字符，并生成数据表

pd.DataFrame(category.str[:3])

6. 数据筛选

使用与、或、非三个条件配合大于、小于、等于对数据进行筛选，并进行计数和求和。

1）使用"与"进行筛选

df_inner.loc[(df_inner['age'] > 25) & (df_inner['city'] == 'beijing'), ['id','city','age','category','gender']]

2）使用"或"进行筛选

df_inner.loc[(df_inner['age'] > 25) | (df_inner['city'] == 'beijing'), ['id','city','age','category','gender']].sort(['age'])

3）使用"非"条件进行筛选

df_inner.loc[(df_inner['city'] != 'beijing'), ['id','city','age','category','gender']].sort(['id'])

4）对筛选后的数据按 city 列进行计数

df_inner.loc[(df_inner['city'] != 'beijing'),

['id','city','age','category','gender']].sort(['id']).city.count()

5）使用 query 函数进行筛选

df_inner.query('city == ["beijing" , "shanghai"]')

6）对筛选后的结果按 price 进行求和

df_inner.query('city == ["beijing" , "shanghai"]').price.sum()

7. 数据汇总

主要函数是 groupby 和 pivote_table

1）对所有的列进行计数汇总

df_inner.groupby('city').count()

2）按城市对 id 字段进行计数

df_inner.groupby('city')['id'].count()

3）对两个字段进行汇总计数

df_inner.groupby(['city','size'])['id'].count()

4）对 city 字段进行汇总，并分别计算 price 的合计和均值

df_inner.groupby('city')['price'].agg([len,np.sum, np.mean])

8. 数据统计

数据采样，计算标准差，协方差和相关系数

1）简单的数据采样

df_inner.sample(n=3)

2）手动设置采样权重

weights = [0, 0, 0, 0, 0.5, 0.5] df_inner.sample(n=2, weights=weights)

3）采样后不放回

df_inner.sample(n=6, replace=False)

4）采样后放回

df_inner.sample(n=6, replace=True)

5）数据表描述性统计

df_inner.describe().round(2).T #round 函数设置显示小数位，T 表示转置

6）计算列的标准差

df_inner['price'].std()

7）计算两个字段间的协方差

df_inner['price'].cov(df_inner['m-point'])

8）数据表中所有字段间的协方差

df_inner.cov()

9）两个字段的相关性分析

df_inner['price'].corr(df_inner['m-point']) #相关系数在–1 到 1 之间，接近 1 为正相关，接近–1 为负相关，0 为不相关

10）数据表的相关性分析

df_inner.corr()

9. 数据输出

分析后的数据可以输出为 xlsx 格式和 csv 格式

1）写入 Excel

df_inner.to_excel('excel_to_python.xlsx', sheet_name='bluewhale_cc')

2）写入到 csv

df_inner.to_csv('excel_to_python.csv')

第3章 金融时间序列分析案例

3.1 股票市场数据

3.1.1 绘制 K 线图和成交量

K 线图源于日本德川幕府时代，被当时日本米市的商人用来记录米市的行情与价格波动，后因其细腻独到的标画方式被引入到股市及期货市场。K 线图的画法包含四个数据，即开盘价、最高价、最低价、收盘价，所有的 K 线都是围绕这四个数据展开，反映大势的状况和价格信息。

案例 3.1 绘制浦发银行 K 线图和成交量图

```
#导入需要的包
import datetime
import talib
import numpy as np
import matplotlib.pyplot as plt
import matplotlib.gridspec as gridspec
import mpl_finance as mpf
#用来正常显示中文标签
plt.rcParams['font.sans-serif']=['SimHei']
#用来正常显示负号
plt.rcParams['axes.unicode_minus']=False
#读取数据
df = pd.read_excel('./浦发银行.xlsx')
```

```
#创建fig对象
fig = plt.figure(figsize=(8,6), dpi=100,facecolor="white")
gs=gridspec.GridSpec(4,1,left=0.08,bottom=0.15,right=0.99,
top=0.96,wspace=None,hspace=0,height_ratios=[3.5,1,1,1])
#K线图
graph_KAV = fig.add_subplot(gs[0,:])
#成交量图
graph_VOL = fig.add_subplot(gs[1,:])
#开始绘制K线图
mpf.candlestick2_ochl(graph_KAV, df['开盘价'], df['收盘价'], df['最
高价'], df['最低价'], width=0.5,colorup='r', colordown='g')
#开始绘制成交量图
graph_VOL.bar(np.arange(0, len(df.index)), df['成交量'],color=['g'
if df['开盘价'][x] > df['收盘价'][x] else 'r' for x in range(0,len
(df.index))])
graph_VOL.set_ylabel(u"成交量")
#设置一下x轴的范围
graph_VOL.set_xlim(0,len(df.index))
#X轴刻度设定 每15天标一个日期
graph_VOL.set_xticks(range(0,len(df.index),15))
```

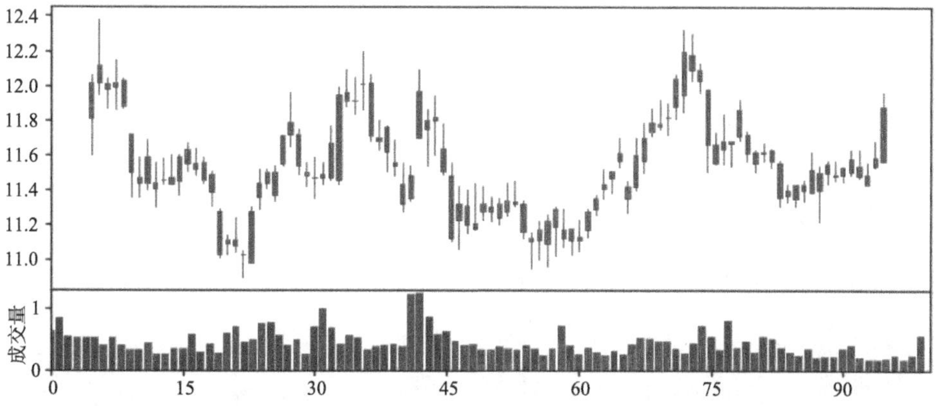

图 3.1　K 线图和成交量图

3.1.2　绘制布林线

布林（Boll）线指标是股市技术分析的常用工具之一，通过计算股价的标准差，再求股价的信赖区间。该指标是美国股市分析家约翰·布林根据统计学中的标准差原理设计出来的一种非常简单实用的技术分析指标。一般而言，股价的运动总是围绕某一价值中枢（如均线、成本线等）在一定的范围内变动，布林线指标正是在上述条件基础上，引进了股价通道的概念，认为股价通道的宽窄随着股价波动幅度的大小而变化，而且股价通道又具有变异性，它会随着股价的变化而自动调整。

布林图是在图形上画出三条线，其中上下两条线可以分别看成是股价的压力线和支撑线，而在两条线之间还有一条股价平均线，布林线指标的参数可自行设定。一般来说，股价会运行在压力线和支撑线所形成的通道中。

日布林线指标的计算公式：

中轨线=N 日的移动平均线；

上轨线=中轨线+两倍的标准差；

下轨线=中轨线－两倍的标准差；

日布林线指标的计算过程：

1）计算 MA

MA=N 日内的收盘价之和÷N

2）计算标准差 MD

$$MD=\sqrt{N\text{日的（}C-MA\text{）的平方之和}\div N}$$

3）计算 MB、UP、DN 线

MB=N 日的 MA；

UP=MB+2×MD；

DN=MB－2×MD。

案例 3.2　绘制贵州茅台的布林线

```
#导入需要的包
import pandas as pd
import numpy as np
import datetime
import matplotlib.pyplot as plt
```

```
#读取文件
data=pd.read_excel('./贵州茅台.xlsx',index_col='日期')
#文件前五行概览
data.head()
```

日期	收盘价	最高价	最低价
2020-01-02	1130.00	1145.06	1116.00
2020-01-03	1078.56	1117.00	1076.90
2020-01-06	1077.99	1092.90	1067.30
2020-01-07	1094.53	1099.00	1076.40
2020-01-08	1088.14	1095.50	1082.58

```
#将各列挑选出来并命名
d=np.array(data.index)
c=np.array(data['收盘价'])
h=np.array(data['最高价'])
l=np.array(data['最低价'])
#我们要计算20日移动平均的布林线，因此设置N=20
N=20
#平均权重
weights = np.ones(N)/N
#卷积实现移动平均
sma = np.convolve(weights,c)[N-1:-N+1]
deviation = []
lenc = len(c)
for i in range(N-1,lenc):
    dev = c[i-N+1:i+1]
    deviation.append(np.std(dev))
#两倍标准差
deviation = 2 * np.array(deviation)
#压力线
upperBB = sma + deviation
#支撑线
lowerBB = sma - deviation
#画图
```

```
c_slice = c[N-1:]
plt.plot(c_slice,'y',label = "close")
plt.plot(sma,'b--',label = "BOLL")
plt.plot(upperBB,'r',label = "UPR")
plt.plot(lowerBB,'g',label = "DWN")
plt.title('$SH600519\布林线$')
plt.legend()
plt.show()
```

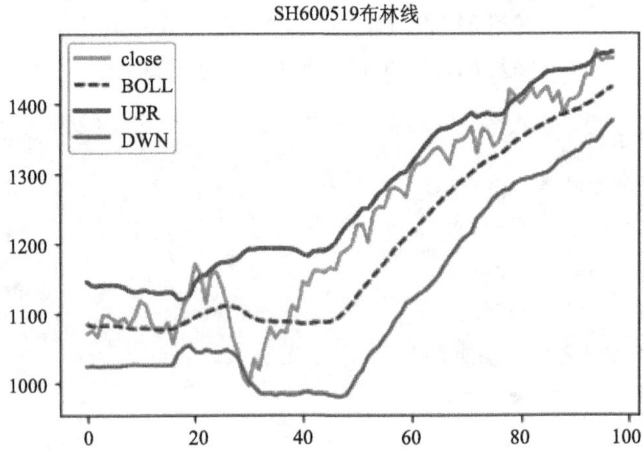

图 3.2　SH600519 布林线

3.1.3　计算 RSI 相对强弱指标

相对强弱指标（RSI）是由 Wells Wider 创制的一种通过特定时期内股价的变动情况计算市场买卖力量对比，来判断股票价格内部本质强弱、推测价格未来的变动方向的技术指标。

RSI 指标强弱指标是利用一定时期内平均收盘涨数与平均收盘跌数的比值来反映股市走势的。其计算公式为

$$\text{RSI}(n)=A/(A+B)\times 100\%$$

其中 A 表示 n 天中股价向上波动的幅度大小，而 B 则表示 n 天中股价向下波动的大小，$A+B$ 表示股价在此期间总的波动幅度大小。

案例 3.3　平安银行 RSI 相对强弱指标

```
#导入所需要的包
import pandas as pd
import numpy as np
import matplotlib.pyplot as plt
#读取数据
PAYH=pd.read_excel('./平安银行.xlsx',index_col='日期')
PAYH.head()
```

日期	开盘价	最高价	最低价	收盘价	成交量
2019-01-02	9.39	9.42	9.16	9.19	53938632
2019-01-03	9.18	9.33	9.15	9.28	41553795
2019-01-04	9.24	9.82	9.22	9.75	148115906
2019-01-07	9.84	9.85	9.63	9.74	86568766
2019-01-08	9.73	9.74	9.62	9.66	40238811

```
#构造包含收盘价（PAYHclp）、价格变化（clprcChange）、价格上升量（upPrc）、价格下降量（downPrc）的数据框rsidata
PAYHclp=PAYH['收盘价']
clprcChange=PAYHclp-PAYHclp.shift(1)
indexprc=clprcChange.index
upPrc=pd.Series(0,index=indexprc)
upPrc[clprcChange>0]=clprcChange[clprcChange>0]
downPrc=pd.Series(0,index=indexprc)
downPrc[clprcChange<0]=-clprcChange[clprcChange<0]
rsidata=pd.concat([PAYHclp,clprcChange,upPrc,downPrc],axis=1)
rsidata.columns=['Close','PrcChange','upPrc','downPrc']
rsidata.head()
```

日期	Close	PrcChange	upPrc	downPrc
2019-01-03	9.28	0.09	0.09	0.00
2019-01-04	9.75	0.47	0.47	0.00
2019-01-07	9.74	-0.01	0.00	0.01
2019-01-08	9.66	-0.08	0.00	0.08
2019-01-09	9.94	0.28	0.28	0.00

```
#接下来用简单平均数计算平安银行收盘价6日的上涨力度SMUP和下跌力度SMDOWN，然后计算6日RSI的值。
SMUP=[]
SMDOWN=[]
for i in range(6,len(upPrc)+1):
    SMUP.append(np.mean(upPrc.values[(i-6):i],dtype=np.float32))
    SMDOWN.append(np.mean(downPrc.values[(i-6):i],dtype=np.float32))
rsi6=[100*SMUP[i]/(SMUP[i]+SMDOWN[i]) for i in range(0,len(SMUP))]
indexRsi=indexprc[5:]
Rsi6=pd.Series(rsi6,index=indexRsi)
#对6日RSI的值进行描述性统计分析
Rsi6.describe()
```

```
count    318.000000
mean      53.812920
std       24.645817
min        0.000000
25%       35.065836
50%       56.786370
75%       73.993055
max      100.000000
dtype: float64
```

```
#绘制RSI相关指标图
UP=pd.Series(SMUP,index=indexRsi)
DOWN=pd.Series(SMDOWN,index=indexRsi)
#显示汉字
plt.rcParams['font.sans-serif'] = ['SimHei']
plt.subplot(411)
plt.plot(PAYHclp,'r')
plt.xlabel('date')
```

```
plt.ylabel('Close')
plt.title('RSI相关指标')
plt.subplot(412)
plt.plot(UP,'b')
plt.ylabel('UP')
plt.subplot(413)
plt.plot(DOWN,'y')
plt.ylabel('DOWN')
plt.subplot(414)
plt.plot(DOWN,'g')
plt.ylabel('Rsi6')
```

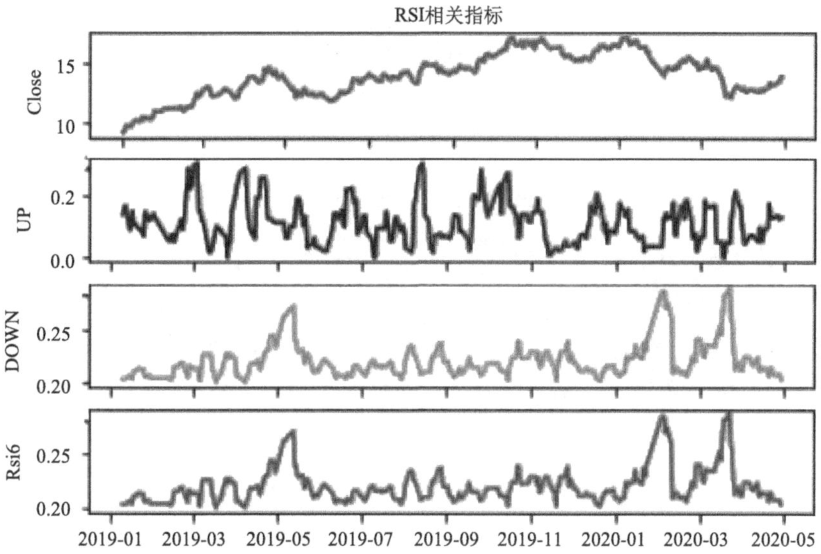

图 3.3　RSI 相关指标图

3.1.4　一元线性回归分析

贵州茅台和四川五粮液是我国知名的两个白酒品牌，两者作为白酒行业的龙头企业，其股价走势或多或少的会有一些相似性。在本小节中，我们将对贵州茅台和五粮液的日收盘价进行一元回归分析。拟合线性模型主要通过 statsmodels 包中的 OLS 类完成。

案例 3.4　贵州茅台和五粮液一元线性回归分析

```
#导入需要的包
import pandas as pd
import numpy as np
import matplotlib.pyplot as plt
import seaborn as sns
import statsmodels.api as sm
#读取数据
data=pd.read_excel('./贵州茅台和五粮液.xlsx',index_col='日期')
#数据前五行概览
data.head()
```

日期	贵州茅台	五粮液
2019-04-01	859.0	96.57
2019-04-02	850.0	96.06
2019-04-03	844.5	95.40
2019-04-04	865.0	100.23
2019-04-08	900.2	102.00

```
#选中所需要的列并命名
GZMT=data['贵州茅台']
WLY=data['五粮液']
#绘制回归散点图
```

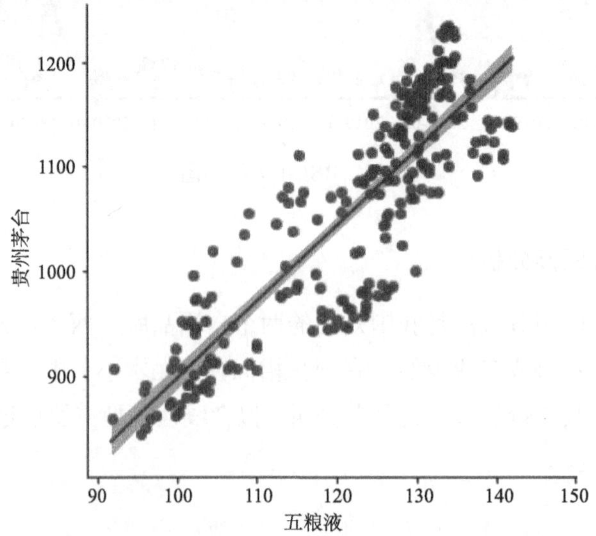

图 3.4　贵州茅台与五粮液一元线性拟合图

```
从上图可以看出，贵州茅台和五粮液的股价走势存在一定的线性关系
#拟合一元线性模型
model=sm.OLS(GZMT,sm.add_constant(WLY)).fit()
#查看回归结果
print(model.summary())
```

```
                            OLS Regression Results
==============================================================================
Dep. Variable:                   贵州茅台   R-squared:                       0.739
Model:                            OLS   Adj. R-squared:                  0.738
Method:                 Least Squares   F-statistic:                     686.6
Date:                Thu, 02 Jul 2020   Prob (F-statistic):           1.28e-72
Time:                        20:31:29   Log-Likelihood:                -1319.6
No. Observations:                 244   AIC:                             2643.
Df Residuals:                     242   BIC:                             2650.
Df Model:                           1
Covariance Type:            nonrobust
==============================================================================
                 coef    std err          t      P>|t|      [0.025      0.975]
------------------------------------------------------------------------------
const        166.3592     34.152      4.871      0.000      99.085     233.633
五粮液          7.3092      0.279     26.203      0.000       6.760       7.859
==============================================================================
Omnibus:                       31.554   Durbin-Watson:                   0.067
Prob(Omnibus):                  0.000   Jarque-Bera (JB):               11.589
Skew:                          -0.282   Prob(JB):                      0.00304
Kurtosis:                       2.093   Cond. No.                     1.20e+03
==============================================================================
```

根据以上结果，我们可以得到如下模型：

$$\text{GZMT} = 166.3592 + 7.3092\,\text{WLY} + \varepsilon_i$$

```
#绘制回归诊断图
import matplotlib as mpl
#用来正常显示中文标签
plt.rcParams['font.sans-serif']=['SimHei']
#用来正常显示负号
plt.rcParams['axes.unicode_minus']=False
plt.scatter(model.fittedvalues,model.resid)
plt.xlabel('拟合值')
plt.ylabel('残差')
```

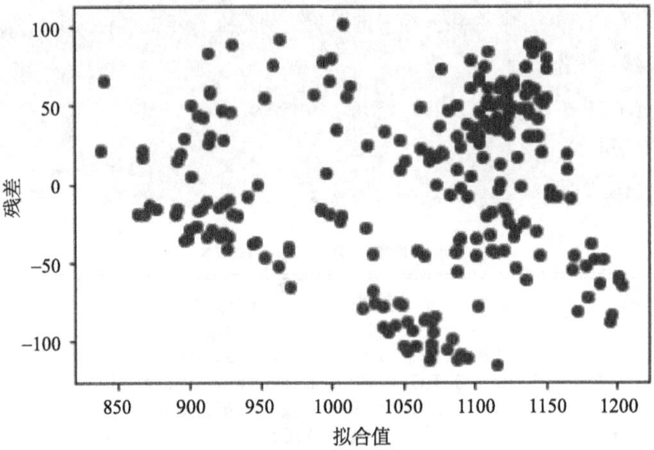

图 3.5　回归诊断图

从回归诊断图中发现残差围绕着 0 随机分布，说明回归模型不存在偏差。

3.1.5　运用动量交易指标

动量交易指标（MTM）也称为动力指标，英文全称是“Momentum Index”，是一种专门研究股价波动的中短期技术分析工具。在证券市场上有恒速原理的现象：如果股价的上涨（下跌）趋势在继续，则股价的上涨（下跌）速度会大体保持一致。动量指标正是从股票的恒速原理出发，考察股价的涨跌速度，以股价涨跌速度的变化分析股价趋势的指标。

动量指数以分析股价波动的速度为目的，研究股价在波动过程中各种加速、减速、惯性作用以及股价由静到动或由动转静的现象。动量指数的理论基础是价格和供需量的关系，股价的涨幅随着时间，必须日渐缩小，变化的速度力量慢慢减缓，行情则可反转。反之，下跌亦然。动量指数就是这样通过计算股价波动的速度，得出股价进入强势的高峰和转入弱势的低谷等不同信号。

计算公式：MTM=当日收盘价–N 日前收盘价

案例 3.5　运用动量交易指标交易万科股票

```
#导入需要的包
import pandas as pd
import numpy as np
import matplotlib.pyplot as plt
#读取数据
```

```
WK=pd.read_excel('./万科.xlsx',index_col='日期')
#数据前五行概览
WK.head()
```

日期	开盘价	最高价	最低价	收盘价	成交量
2019-01-02	23.83	24.09	23.67	23.90	24701028
2019-01-03	23.79	24.50	23.71	24.07	22235359
2019-01-04	23.91	25.00	23.85	24.93	37772721
2019-01-07	25.29	25.53	24.99	25.05	42715485
2019-01-08	25.05	25.20	24.63	25.00	21438202

```
Close=WK['收盘价']
#收盘价数据描述
Close.describe()
#计算动量
lag5Close=Close.shift(5)
momentum5=Close-lag5Close
momentum5.tail()
#用来正常显示中文标签
plt.rcParams['font.sans-serif']=['SimHei']
#用来正常显示负号
plt.rcParams['axes.unicode_minus']=False
#绘制万科股价5日动量图
plt.subplot(211)
plt.plot(Close,'b*')
plt.xlabel('日期')
plt.ylabel('收盘价')
plt.title('万科股价5日动量图')
```

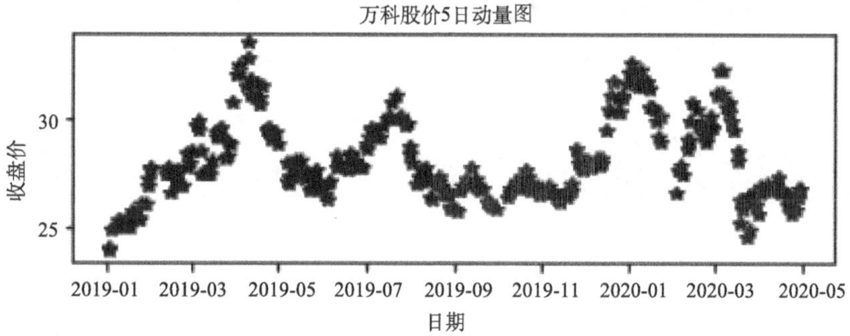

图 3.6　万科股价 5 日动量图

```
#定义不同期限动量函数
def momentum(price,periond):
    lagPrice=price.shift(periond)
    momen=price-lagPrice
    momen= momen.dropna()
    return(momen)
#计算35日动量值
momen35=momentum(Close,35)
#定义买卖信号
#当35日动量值为负值时，signal取值为-1，表示卖出；当35日动量值为非负值时，
signal取值为1，表示买入。
signal=[]
for i in momen35:
    if i>0:
        signal.append(1)
    else:
        signal.append(-1)
signal=pd.Series(signal,index=momen35.index)
#根据买卖点制定买入卖出交易，并计算收益率
tradeSig = signal.shift(1)
ret=Close/Close.shift(1)-1
Mom35Ret=ret*(signal.shift(1))
#计算交易指标获胜率
win=Mom35Ret[Mom35Ret>0]
loss=-Mom35Ret[Mom35Ret<0]
winrate=len(win)/len(Mom35Ret)
#绘制万科收益率时序图
plt.subplot(2,1,1)
plt.plot(real_ret,'b')
plt.ylabel('收益率')
plt.title('万科收益率时序图')
```

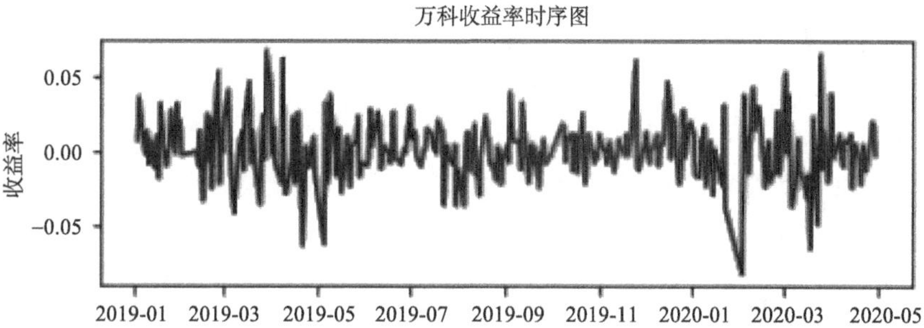

图 3.7　万科收益率时序图

```
#绘制万科动量交易收益率时序图
plt.subplot(2,1,2)
plt.plot(Mom35Ret,'r')
plt.ylabel('动量交易收益率')
plt.title('万科动量交易收益率时序图')
```

图 3.8　万科动量交易收益率时序图

```
#绘制盈利直方图
plt.subplot(2,1,1)
win.hist()
plt.title("盈利直方图")
```

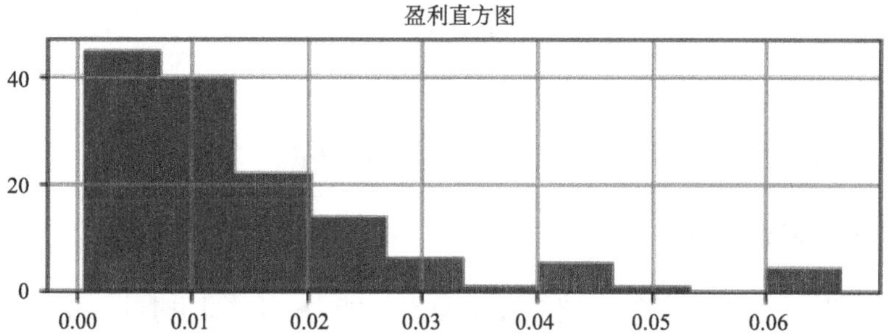

图 3.9　盈利直方图

```
#绘制损失直方图
plt.subplot(2,1,2)
loss.hist()
plt.title("损失直方图")
```

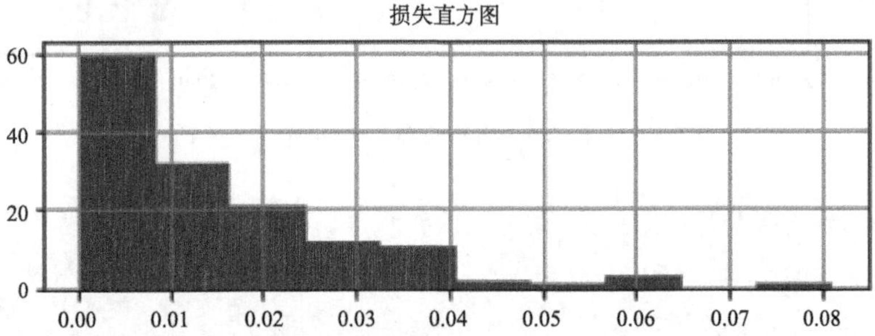

图 3.10　损失直方图

```
#计算两种收益率的平均值和分位数值等
performance=pd.DataFrame({"win":win.describe(),"loss":loss.descr
ibe()})
performance
```

	win	loss
count	138.000000	143.000000
mean	0.014375	0.015474
std	0.013305	0.014531
min	0.000677	0.000370
25%	0.005041	0.004492
50%	0.011595	0.010599
75%	0.019221	0.021651
max	0.066667	0.081090

3.2　债券市场数据

3.2.1　计算债券流动性得分

流动性是市场能够进行迅速低成本交易的能力，包含即时性、宽度、深度、弹性四个维度，债券流动性得分是反映债券流动性的指标。本案例中我们将采用如下方法计算债券流动性得分：

1）用各只债券的平均交易量除以市场平均交易量得到交易量得分；

2）用各只债券的成交天数除以市场平均成交天数得到交易天数得分；

3）对得分大于 5 分的得分进行截断处理，即最高得分为 5 分；

4）计算各只债券的流动性得分，公式为：流动性得分 = 50%×交易量得分+50%×交易天数得分。

案例 3.6　计算债券流动性得分

```
#导入需要的包
import numpy as np
import pandas as pd
import matplotlib.pyplot as plt
import seaborn as sns
sns.set()
%matplotlib inline
#导入数据，CFETPrice.csv记录了2019年8月1日至2019年10月31日的银行间市场交易数据
CFETPrice = pd.read_csv('CFETPrice.csv',parse_dates=['date'])
CFETPrice.head()
```

	date	secucode	high	low	closeprice	volume	amount	highyield	lowyield	closeyield
0	2019-08-01	111980074.IB	96.7888	96.7870	96.7888	27000.0	26132.733	3.2873	3.2851	3.2851
1	2019-08-01	150220.IB	100.6787	100.6718	100.6787	122000.0	122825.818	2.8500	2.8438	2.8438
2	2019-08-01	150221.IB	100.9840	100.9840	100.9840	14000.0	14137.760	3.2600	3.2600	3.2600
3	2019-08-01	150303.IB	100.5985	100.5690	100.5690	10000.0	10058.380	2.6100	2.5500	2.6100
4	2019-08-01	150314.IB	101.2890	101.2890	101.2890	5000.0	5064.450	3.6300	3.6300	3.6300

```
#根据银行间市场交易数据计算债券在此时间段的平均日成交量与成交天数
total_days = len(CFETPrice['date'].unique())
print('总交易日天数: %s'%str(total_days))
总交易日天数: 62
# 定义 cal_amount_days函数，为单只债券计算平均日交易量与成交天数之比，结果以Series形式返回
def cal_amount_days(df):
    amount_days = pd.Series()
    amount_days['amount'] = df['amount'].sum()/total_days
    amount_days['num_days'] = df.shape[0]
```

```
    return amount_days
#以代码为111980074.IB的债券为例，返回结果应为：
cal_amount_days(CFETPrice.loc[CFETPrice['secucode']=='111980074.IB',:])
```

```
amount        18970.944919
num_days         42.000000
dtype: float64
```

```
#使用groupby和apply方法为对每只债券计算平均交易量与成交天数，返回结果命名为amount_numdays的变量，前5行数据如下：
# 使用`groupby`和`apply`方法对每只债券计算平均交易量与成交天数
amount_numdays = CFETPrice.groupby('secucode')
amount_numdays = amount_numdays.apply(cal_amount_days).reset_index()
amount_numdays.head()
```

	secucode	amount	num_days
0	010214.IB	1802.480661	4.0
1	010221.IB	1857.137935	2.0
2	011900170.IB	96.755032	1.0
3	011900188.IB	64.526065	1.0
4	011900228.IB	290.329065	3.0

```
#计算债券流动性得分
amount_numdays['amount_score'] =
amount_numdays['amount']/amount_numdays.amount.mean()
amount_numdays['numdays_score'] =
amount_numdays['num_days']/amount_numdays.num_days.mean()
amount_numdays.loc[amount_numdays['amount_score']>5,'amount_score'] = 5
amount_numdays.loc[amount_numdays['numdays_score']>5,'numdays_score'] = 5
amount_numdays['liquidity_score'] =
0.5*(amount_numdays['amount_score']+amount_numdays['numdays_score'])
amount_numdays.head()
```

	secucode	amount	num_days	amount_score	numdays_score	liquidity_score
0	010214.IB	1802.480661	4.0	1.640399	0.774646	1.207522
1	010221.IB	1857.137935	2.0	1.690141	0.387323	1.038732
2	011900170.IB	96.755032	1.0	0.088055	0.193661	0.140858
3	011900188.IB	64.526065	1.0	0.058724	0.193661	0.126193
4	011900228.IB	290.329065	3.0	0.264222	0.580984	0.422603

```
amount_numdays[['交易量','交易天数']].hist(figsize=(14,5))
#可见债券市场中大部分债券的流动性是很低的。
```

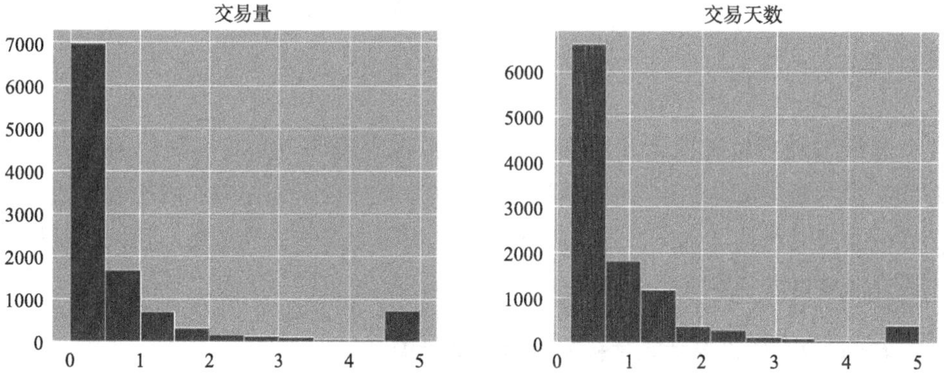

图 3.11　交易量与交易天数直方图

3.2.2　使用随机森林算法预测债券流动性得分

本节我们承接上例，使用随机森林机器学习算法为债券流动性得分与债券基本面特征之间建立模型，并进一步得到债券的预测流动性得分。

随机森林算法是建立在决策树基础上的集成学习器。决策树（decision tree）是一种基本的分类与回归方法。在分类问题中，表示基于特征对实例进行分类的过程，可以认为是定义在特征空间与类空间上的条件概率分布。决策树通常有三个步骤：特征选择、决策树的生成、决策树的修剪。用决策树分类：从根节点开始，对实例的某一特征进行测试，根据测试结果将实例分配到其子节点，此时每个子节点对应着该特征的一个取值，如此递归的对实例进行测试并分配，直到到达叶节点，最后将实例分到叶节点的类中。

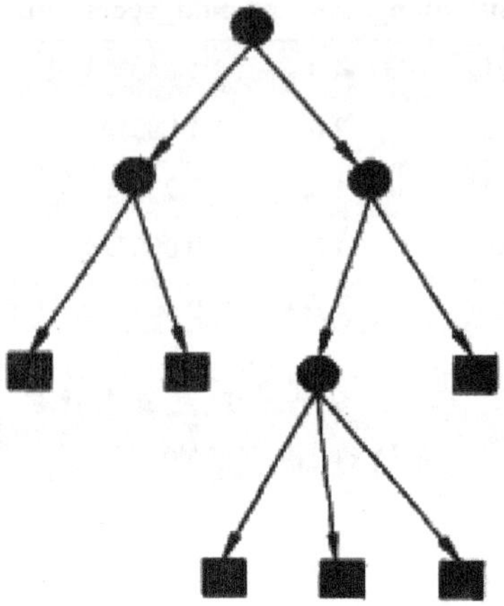

图 3.12　节点示意图

通过组合多个过拟合评估器来降低过拟合程度的方法其实是一种集成学习方法，称为装袋算法。装袋算法使用并行评估器对数据进行有放回抽取集成，每个评估器都对数据过拟合，通过求均值可以获得更好的分类结果。随机决策树的集成算法就是随机森林。

案例 3.7　随机森林算法预测债券流动性得分

```
#导入债券基本面信息
basic_info = pd.read_csv('basic_info.csv',encoding='GBK')
basic_info.head()
```

	secucode	fname	comp_name	industryname	modified_duration	creditrating_num	issue_amount
0	101901010.IB	19连云港MTN003	连云港港口集团有限公司	中期票据	4.0822	13	5.0
1	101573018.IB	15渝兴MTN001	重庆市渝兴建设投资有限公司	中期票据	0.9402	12	5.0
2	101901011.IB	19中铝集MTN004	中国铝业集团有限公司	中期票据	2.5015	14	20.0
3	011901688.IB	19华电SCP024	中国华电集团有限公司	短期融资券	0.4631	16	25.0
4	011901684.IB	19西安浐灞SCP001	西安市浐灞河发展有限公司	短期融资券	0.4597	11	2.0

```
#下面我们将使用随机森林模型，建立债券实际流动性得分与债券基本面指标之间的关系。首先定义一个新的DataFrame对象liquidity
liquidity = 
amount_numdays[['secucode','liquidity_score']].merge(basic_info, how='inner',on=['secucode'])
#导入随机森林模型的算法模块和数据预处理模块
from sklearn.ensemble import RandomForestRegressor
```

```
from sklearn import preprocessing
# 使用preprocessing.LabelBinarizer()程序对债券分类信息重新编码，转换为
0/1型数据，存储为industry_feature
industry = np.array(liquidity['industryname'])
LB = preprocessing.LabelBinarizer()
industry_feature = LB.fit_transform(industry)
# 以实际流动性得分作为反应变量，以numpy array格式存储，命名为y
y = np.array(liquidity['liquidity_score'])
# 以债券分类、修正久期、信用评级、发行量作为解释变量，通过np.hstack()生成解
释变量的矩阵X
X =
np.hstack([industry_feature,liquidity[['modified_duration','cred
itrating_num','issue_amount']]])
# 使用随机森林模型对数据进行机器学习，模型对象名称为 regressor
# 参数设置
# 随机森林中决策树的数量设置为100
# 树叶节点的最小样本数量设置为20
# 为了保证结果可重复，设置随机种子 random_state=0
# 定义随机森林模型对象 RandomForestRegressor
regressor = RandomForestRegressor(n_estimators=100,min_samples_
leaf=20, random_state=0)
# 使用.fit()训练随机森林模型
regressor.fit(X,y)
#生成预测流动性得分
liquidity['predict_score'] = regressor.predict(X)
#绘制不同类别债券流动性得分的boxplot图
liquidity.replace(to_replace={'industryname':{liquidity['industr
yname'].unique()[i]:'A'+str(i) for i in range(len(liquidity ['industr-
yname']. unique()))}},inplace=True)
liquidity[['industryname','liquidity_score','predict_score']].bo
xplot(by='industryname',figsize=(14,5))
```

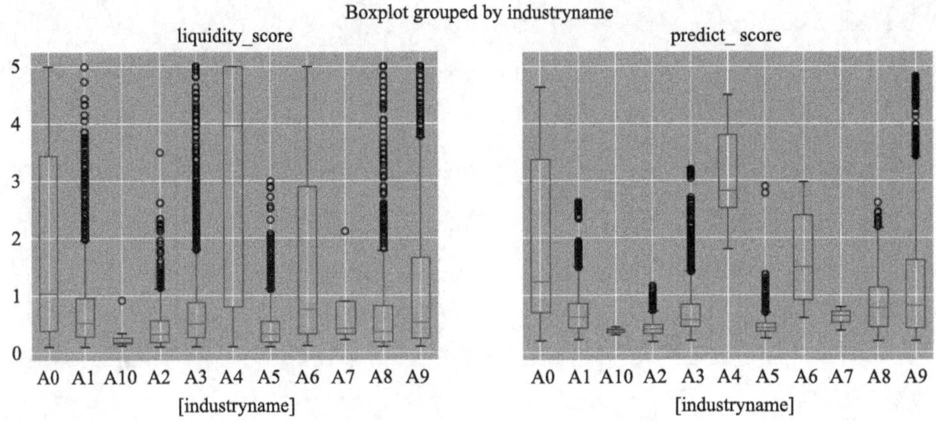

图 3.13　不同类别债券流动性得分图

3.3　衍生品市场数据

3.3.1　牛市价差策略

牛市价差策略是指由买入较低行权价的认沽期权和卖出较高行权价的认沽期权构成，合约的标的和到期时间都是一致的。较低行权价的认沽期权会为策略提供下行方向的保护，卖出较高行权价的认沽期权会带来权利金的收入。

案例 3.8　牛市价差策略

本案例将构建一个牛市价差策略，假设策略构建的时间是 2020 年 3 月 5 日，两个看涨期权均是在 2020 年 6 月 4 日到期的上证 50ETF 期权，其中一个是较低的执行价格 2.25 元，期权价格是 0.1325 元，另一个期权是较高的执行价格 2.45 元，期权价格是 0.0494 元，策略构建当天上证 50ETF 基金的净值是 2.289 元，上证 50 指数点位是 3018.07。我们运用一张执行价格 2.25 元的上证 50ETF 看涨期权多头头寸和一张执行价格 2.45 元的上证 50ETF 看涨期权空头头寸构建牛市价差策略。

```
#导入需要的包
import numpy as np
import pandas as pd
import matplotlib.pyplot as plt
```

```
from pylab import mpl
mpl.rcParams['font.sans-serif']=['SimHei']
mpl.rcParams['axes.unicode_minus']=False
#根据相应参数进行策略构造
K1=2.25
K2=2.45
C1=0.1325
C2=0.0494
P0_ETF=2.289
P0_index=3018.07
Pt_index=np.linspace(2200,3800,500)
Pt_ETF=P0_ETF*Pt_index/P0_index
N1=1
N2=1
N_underlying=10000
return_call1_long=N1*N_underlying*(np.maximum(Pt_ETF-K1,0)-C1)
return_call2_short=N2*N_underlying*(C2-np.maximum(Pt_ETF-K2,0))
return_bullspread=return_call1_long+return_call2_short
#绘图
```

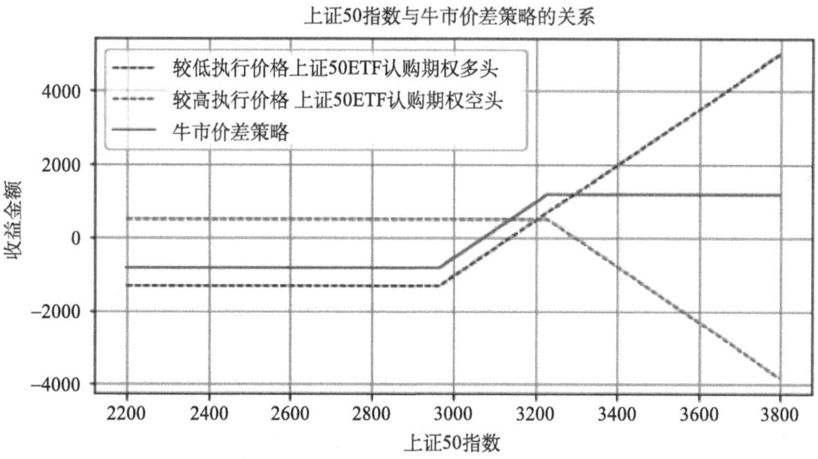

图 3.14 上证 50 指数与牛市价差策略的关系图

3.3.2　熊市价差策略

熊市认购价差策略是指买入一份具有较高行权价格的认购期权，同时卖出一份具有较低行权价格的认购期权，合约的标的和到期时间都是一致的。卖出认购期权获取了权利金收入，买入较高行权价的认购期权为其提供了上行方向的保护。

案例 3.9　熊市价差策略

本案例将构建一个熊市价差策略，策略构建的时间是 2020 年 3 月 5 日，两个看跌期权均是在 2020 年 6 月 4 日到期的上证 50ETF 期权，其中一个是较低的执行价格 2.25 元，期权价格是 0.0734 元，另一个期权是较高的执行价格 2.55 元，期权价格是 0.2683 元，策略构建当天上证 50ETF 基金的净值是 2.289 元，上证 50 指数点位是 3018.07。我们运用一张执行价格 2.25 元的上证 50ETF 看跌期权空头头寸和一张执行价格 2.55 元的上证 50ETF 看跌期权多头头寸构建熊市价差策略。

```
#导入需要的包
import numpy as np
import pandas as pd
import matplotlib.pyplot as plt
from pylab import mpl
mpl.rcParams['font.sans-serif']=['SimHei']
mpl.rcParams['axes.unicode_minus']=False
#根据参数构建策略
K1=2.25
K2=2.55
P1=0.0734
P2=0.2683
P0_ETF=2.289
P0_index=3018.07
Pt_index=np.linspace(2200,3800,500)
Pt_ETF=P0_ETF*Pt_index/P0_index
N1=1
N2=1
N_underlying=10000
```

```
    return_put1_short=N1*N_underlying*(P1-np.maximum(K1-Pt_ETF,0))
    return_put2_long=N2*N_underlying*(np.maximum(K2-Pt_ETF,0)-P2)
    return_bearspread=return_put1_short+return_put2_long
    #绘图
    plt.figure(figsize=(8,4))
    plt.plot(Pt_index,return_put1_short,'b--',label=u'较低执行价格上证
50ETF认沽期权空头',lw=1.0)
    plt.plot(Pt_index,return_put2_long,'g--',label=u'较高执行价格上证
50ETF认沽期权多头',lw=1.0)
    plt.plot(Pt_index,return_bearspread,'r-',label=u'熊市价差策略
',lw=1.0)
    plt.xlabel(u'上证50指数',fontsize=13)
    plt.ylabel(u'收益金额',fontsize=13,rotation=90)
    plt.xticks(fontsize=13)
    plt.yticks(fontsize=13)
    plt.title(u'上证50指数与熊市价差策略的关系',fontsize=13)
    plt.legend(fontsize=13)
    plt.legend(fontsize=13)
    plt.grid('True')
    plt.show()
```

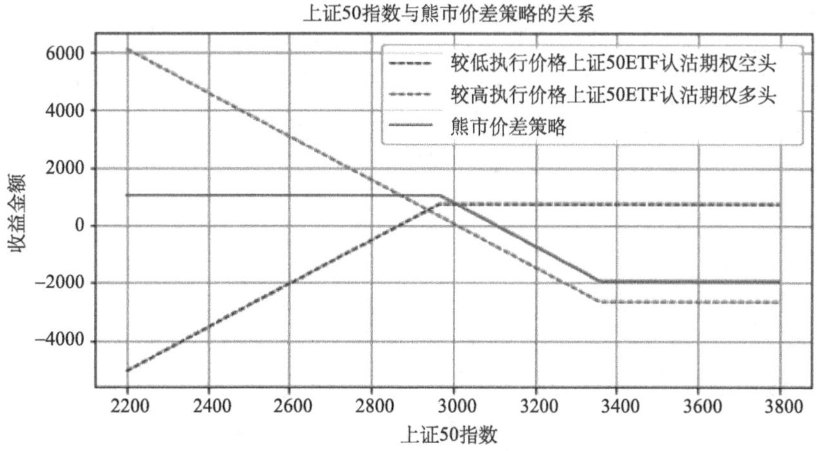

图 3.15　上证 50 指数与熊市价差策略的关系

3.3.3 跨式组合策略

跨式期权组合（straddle write）是一种包含相同的行使价和到期日的看涨期权和看跌期权的期权策略。这种策略通过在市场上涨时履行看涨期权，而在下跌时履行看跌期权，而使期权的购买者享受价格波动较大的好处。风险是如果价格只小幅波动，价格的变化过小，无法抵偿购买两份期权的成本。

案例 3.10　底部跨式组合策略

本案例将构建底部跨式组合策略，构建策略的时间是 2018 年 12 月 18 日，策略中运用的两个期权均是在 2019 年 6 月 26 日到期的、执行价格为 2.4 元的上证 50ETF 期权，其中，一只看涨期权的价格是 0.1745 元，另一只看跌期权的价格是 0.1106 元，当天的上证 50ETF 净值是 2.394 元，上证 50 指数的收盘点位 2397.87。我们将运用一张执行价格 2.4 元的上证 50ETF 看涨期权多头头寸、一张执行价格也是 2.4 元的上证 50ETF 看跌期权多头头寸构建底部跨式组合策略。

```
#导入需要的包
import numpy as np
import pandas as pd
import matplotlib.pyplot as plt
from pylab import mpl
mpl.rcParams['font.sans-serif']=['SimHei']
mpl.rcParams['axes.unicode_minus']=False
#根据参数构建策略
K=2.4
C=0.1745
P=0.1106
P0_ETF=2.394
P0_index=2397.87
Pt_index=np.linspace(1800,3000,500)
Pt_ETF=P0_ETF*Pt_index/P0_index
N_call=1
N_put=1
```

```
    N_underlying=10000
    return_call_long=N_call*N_underlying*(np.maximum(Pt_ETF-K,0)-C)
    return_put_long=N_put*N_underlying*(np.maximum(K-Pt_ETF,0)-P)
    return_straddle=return_call_long+return_put_long
    #绘图
    plt.figure(figsize=(8,4))
    plt.plot(Pt_index,return_call_long,'b--',label=u'上证50ETF认购期权
多头',lw=1)
    plt.plot(Pt_index,return_put_long,'g--',label=u'上证50ETF认沽期权
多头',lw=1)
    plt.plot(Pt_index,return_straddle,'r-',label=u'底部跨式组合策略',
lw=1)
    plt.xlabel(u'上证50指数',fontsize=13)
    plt.ylabel(u'收益金额',fontsize=13,rotation=90)
    plt.xticks(fontsize=13)
    plt.yticks(fontsize=13)
    plt.title(u'上证50指数与底部跨式组合策略的关系',fontsize=13)
    plt.legend(fontsize=13)
    plt.grid('True')
    plt.show()
```

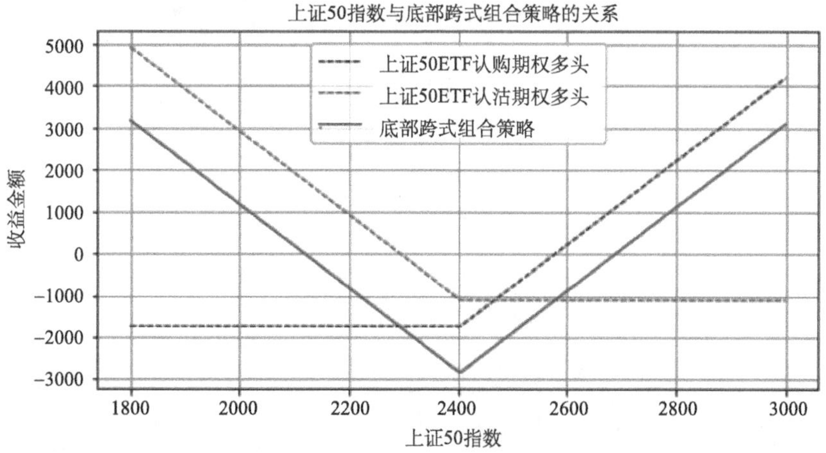

图 3.16 上证 50 指数与底部跨式组合策略的关系

第4章

投资组合案例

4.1 收益率分析

4.1.1 多期简单收益率

案例 4.1 单只股票的多期收益率

在本案例中我们将计算单只股票的简单多期收益率。

```
#导入pandas包
import pandas as pd
#读取数据
```

日期	收盘价
2020-01-02	1130.00
2020-01-03	1078.56
2020-01-06	1077.99
2020-01-07	1094.53
2020-01-08	1088.14

```
GZMT=pd.read_excel('./贵州茅台.xlsx',index_col='日期')
GZMT.head()
#获取收盘价数据
close=GZMT['收盘价']
#将收盘价格滞后一期
```

```
lagclose=close.shift(1)
lagclose.head()
#合并close、lagclose两个数据
Calclose=pd.DataFrame({'close':close,'lagclose':lagclose})
#计算简单收益率
simpleret=(close-lagclose)/lagclose
simpleret.name='simpleret'
calret=pd.merge(Calclose,pd.DataFrame(simpleret),left_index=True
,right_index=True)
#计算二期简单收益率
simpleret2=(close-close.shift(2))/close.shift(2)
simpleret2.name='simpleret2'
calret['simpleret2']=simpleret2
```

日期	close	lagclose	simpleret	simpleret2
2020-01-02	1130.00	NaN	NaN	NaN
2020-01-03	1078.56	1130.00	-0.045522	NaN
2020-01-06	1077.99	1078.56	-0.000528	-0.046027
2020-01-07	1094.53	1077.99	0.015343	0.014807
2020-01-08	1088.14	1094.53	-0.005838	0.009416

```
#绘制一期和二期简单收益率曲线图
```

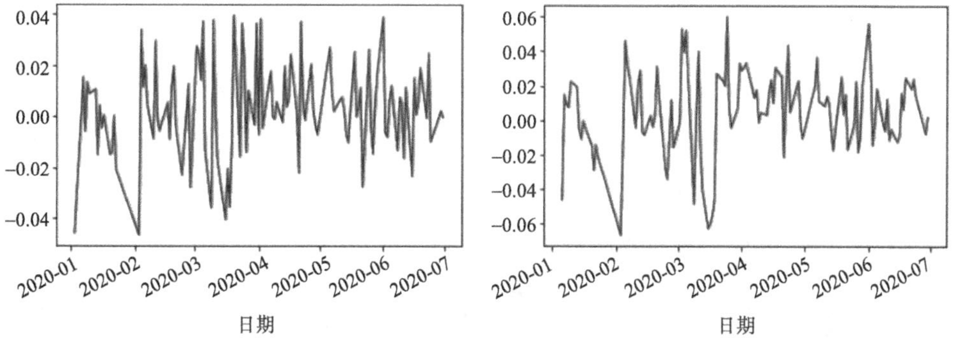

图 4.1　一期、二期简单收益率曲线图

```
import matplotlib.pyplot as plt
#用来正常显示中文标签
plt.rcParams['font.sans-serif']=['SimHei']
#用来正常显示负号
plt.rcParams['axes.unicode_minus']=False
simpleret.plot()
#绘制累积收益率曲线图
plt.figure(figsize=(10, 6))
((1 + simpleret).cumprod() - 1).plot()
```

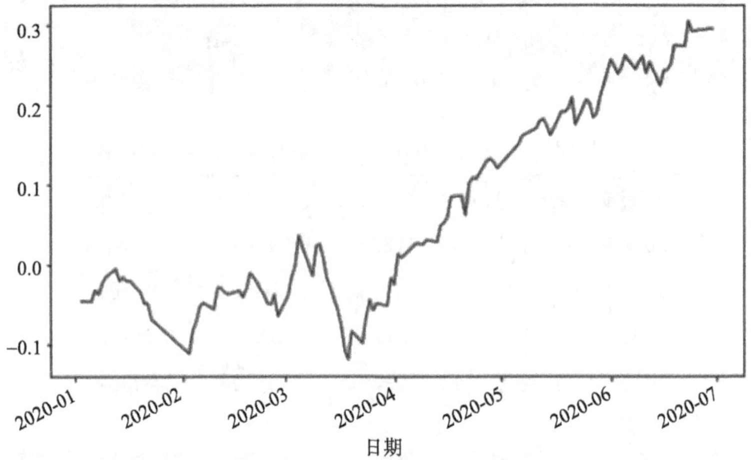

图 4.2　累积收益率曲线图

4.1.2　投资组合收益率

投资组合收益率的计算过程，类似于加权平均值的计算。我们将每个金融产品的收益率乘以该产品的投资占比，并对结果求和即可。

案例 4.2　计算投资组合收益率

```
#导入需要的包
import pandas as pd
import numpy as np
import matplotlib.pyplot as plt
```

```
import matplotlib as mpl
import seaborn as sns
sns.set()
mpl.rcParams['font.family'] = 'sans-serif'
mpl.rcParams['font.sans-serif'] = 'SimHei'
#读取数据
df=pd.read_excel('./万科和东财.xlsx',index_col='日期')
df.head()
```

日期	万科A	东方财富
2017-01-03	0.008759	0.008860
2017-01-04	0.005789	0.012295
2017-01-05	0.003837	-0.003470
2017-01-06	-0.013856	-0.009286
2017-01-09	0.000969	0.001757

```
#计算累计毛利率
df['worth_wanke'] = (df['万科A'] + 1).cumprod()
df['worth_dongcai'] = (df['东方财富'] + 1).cumprod()
w_wanke = np.linspace(0, 1, 11)
w_dongcai = 1 - w_wanke
returns = []
for w1, w2 in zip(w_wanke, w_dongcai):
    worth_portfolio = np.array(w1 * df['worth_wanke'] + w2 *
df['worth_dongcai'])
    worth_last_day = worth_portfolio.copy()
    worth_last_day = np.insert(np.delete(worth_last_day, -1, axis=0), 0, 1)
    r_portfolio = worth_portfolio / worth_last_day
    returns.append(r_portfolio.prod())
#绘图
plt.figure(figsize=(10, 6))
plt.plot(w_wanke, returns)
plt.xlabel('万科资产占比', fontsize=16)
plt.ylabel('投资组合17年以来收益率', fontsize=16)
plt.title('不同比例下组合投资万科A与东方财富的收益率', fontsize=20)
```

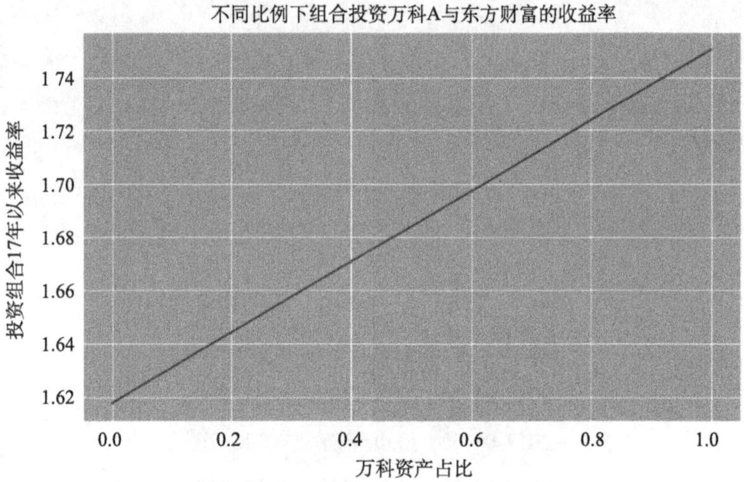

图 4.3　不同比例下组合投资万科 A 与东方财富的收益率

4.2　投资风险分析

4.2.1　投资组合总体风险

投资组合的风险由方差度量，既包含每个金融产品各自的方差与系数的乘积，也包含两两产品之间的协方差项。

案例 4.3　分析投资组合风险

```
#导入需要的包
import pandas as pd
import numpy as np
import matplotlib.pyplot as plt
import matplotlib as mpl
import seaborn as sns
sns.set()
mpl.rcParams['font.family'] = 'sans-serif'
mpl.rcParams['font.sans-serif'] = 'SimHei'
```

```
#读取数据
df=pd.read_excel('./万科和东财.xlsx',index_col='日期')
df.head()
```

日期	万科A	东方财富
2017-01-03	0.008759	0.008860
2017-01-04	0.005789	0.012295
2017-01-05	0.003837	-0.003470
2017-01-06	-0.013856	-0.009286
2017-01-09	0.000969	0.001757

```
#求投资组合的收益率序列和风险
df['worth_wanke'] = (df['万科A'] + 1).cumprod()
df['worth_dongcai'] = (df['东方财富'] + 1).cumprod()
w_wanke = np.linspace(0, 1, 11)
w_dongcai = 1 - w_wanke
risk = []
for w1, w2 in zip(w_wanke, w_dongcai):
    worth_portfolio = np.array(w1 * df['worth_wanke'] + w2 *
df['worth_dongcai'])
    worth_last_day = worth_portfolio.copy()
    worth_last_day = np.insert(np.delete(worth_last_day, -1, axis=0),
0, 1)
    r_portfolio = worth_portfolio / worth_last_day - 1
    risk.append(r_portfolio.std())
#绘制投资组合风险图
plt.figure(figsize=(10, 6))
plt.plot(w_wanke, risk, '-')
plt.xlabel('万科资产占比', fontsize=16)
plt.ylabel('投资组合17年以来收益率方差', fontsize=16)
plt.title('不同比例下组合投资万科A与东方财富的风险', fontsize=20)
```

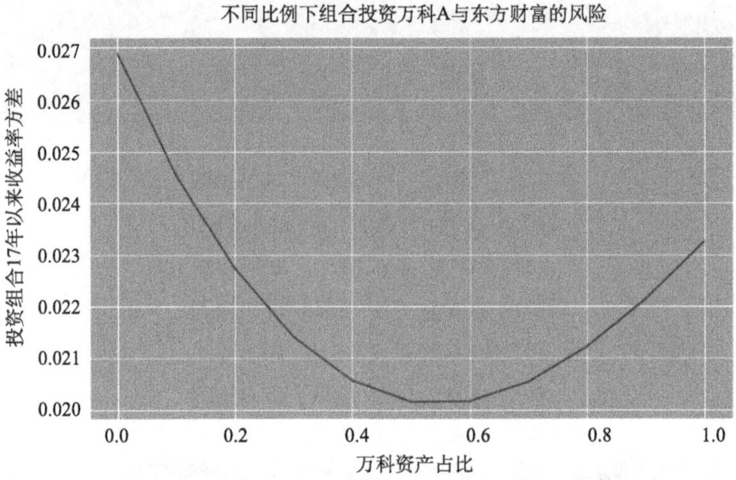

图 4.4　不同比例下组合投资万科 A 与东方财富的风险

4.2.2　投资组合下行风险

使用下行风险可以消除方差度量法的一些问题。

案例 4.4　分析投资组合下行风险

```
#导入需要的包
import pandas as pd
import numpy as np
import matplotlib.pyplot as plt
import matplotlib as mpl
import seaborn as sns
sns.set()
mpl.rcParams['font.family'] = 'sans-serif'
mpl.rcParams['font.sans-serif'] = 'SimHei'
#读取数据
df=pd.read_excel('./万科和东财.xlsx',index_col='日期')
df.head()
```

日期	万科A	东方财富
2017-01-03	0.008759	0.008860
2017-01-04	0.005789	0.012295
2017-01-05	0.003837	-0.003470
2017-01-06	-0.013856	-0.009286
2017-01-09	0.000969	0.001757

```
#求投资组合的收益率序列和风险
df['worth_wanke']=(df['万科A'] + 1).cumprod()
df['worth_dongcai']=(df['东方财富'] + 1).cumprod()
w_wanke = np.linspace(0, 1, 11)
w_dongcai = 1 - w_wanke
risk =[]
for w1, w2 in zip(w_wanke, w_dongcai):
    worth_portfolio = np.array(w1 * df['worth_wanke'] + w2 *
df['worth_dongcai'])
    worth_last_day = worth_portfolio.copy()
    worth_last_day = np.insert(np.delete(worth_last_day, -1, axis=0),
0, 1)
    r_portfolio = worth_portfolio / worth_last_day - 1
    mean = r_portfolio.mean()
    _r_tmp = r_portfolio - mean
    _r_tmp = np.array(list(map(lambda x: x if x < 0 else 0, _r_tmp)))
    _risk = sum(_r_tmp ** 2)
    risk.append(_risk)
#绘制下行风险图
plt.figure(figsize=(10, 6))
plt.plot(w_wanke, risk, '-')
plt.xlabel('万科资产占比', fontsize=16)
plt.ylabel('投资组合收益率的标准差', fontsize=16)
plt.title('不同比例下组合投资万科A与东方财富的风险（2017年以来数据）',
fontsize=20)
```

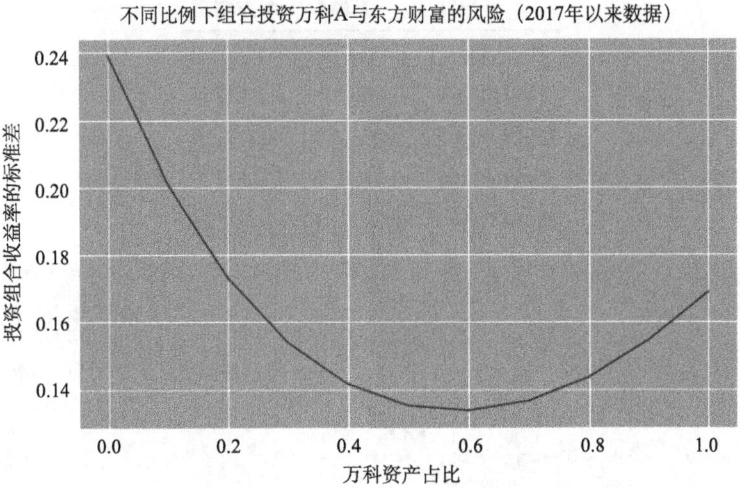

图 4.5　不同比例下组合投资万科 A 与东方财富的风险

4.3　股权组合有效边界

均值-方差模型是由马科维茨在 1952 年提出的风险投资模型，马科维茨把风险定义为收益率的波动率。假设投资者要将一笔给定的资金在一定时期进行投资；在期初购买一些证券，然后在期末卖出。那么在期初要决定购买哪些证券以及资金在这些证券上如何分配，也就是说投资者需要在期初从所有可能的证券组合中选择一个最优的组合。这时投资者的决策目标有两个：尽可能高的收益率和尽可能低的不确定性风险。最好的目标应是使这两个相互制约的目标达到最佳平衡。由此建立起来的投资模型即为均值-方差模型。

有效边界是在收益-风险约束条件下能够以最小的风险取得最大的收益的各种证券的集合。

案例 4.5　构建股票组合有效边界

```
#导入需要的包
import numpy as np
import math
import matplotlib.pyplot as plt
import pandas as pd
from scipy import linalg
```

```
#读取数据
data=pd.read_excel('./收益率数据.xlsx',index_col='日期')
data.head()
```

日期	特锐德	爱尔眼科	亿纬锂能	华谊兄弟	电科院
2017-06-12	-0.030484	0.004142	-0.007843	-0.014778	-0.029245
2017-06-13	0.029593	-0.003208	0.100132	0.036250	0.019436
2017-06-14	0.000599	0.021149	-0.014970	-0.010896	0.028736
2017-06-15	0.008378	0.022062	0.010942	0.017136	0.029795
2017-06-16	-0.016024	0.009692	0.000000	-0.009627	-0.016275

```
#定义MeanVariance类
class MeanVariance:
#定义构造器，传入收益率数据
    def __init__(self,returns):
        self.returns=returns
 #定义最小方差的函数，即求解二次规划
def minVar(self,goalRet):
        covs=np.array(self.returns.cov())
        means=np.array(self.returns.mean())
        L1=np.append(np.append(covs.swapaxes(0,1),[means],0),
                     [np.ones(len(means))],0).swapaxes(0,1)
        L2=list(np.ones(len(means)))
        L2.extend([0,0])
        L3=list(means)
        L3.extend([0,0])
        L4=np.array([L2,L3])
        L=np.append(L1,L4,0)
        results=linalg.solve(L,np.append(np.zeros(len(means)),
        [1,goalRet],0))
       return(np.array([list(self.returns.columns),results[:-2]]))
  #定义绘制有效前沿函数曲线
def frontierCurve(self):
        goals=[x/500000 for x in range(-100,4000)]
        variances=list(map(lambda x: self.calVar(self.minVar(x)
[1,:].astype(np.float)),goals))
```

```
        plt.plot(variances,goals)
    #给定各资产的比例，计算收益率均值
    def meanRet(self,fracs):
        meanRisky=ffn.to_returns(self.returns).mean()
        assert len(meanRisky)==len(fracs), 'Length of fractions must
be equal to number of assets'
        return(np.sum(np.multiply(meanRisky,np.array(fracs))))
    #给定各资产的比例，计算收益率方差
    def calVar(self,fracs):
        return(np.dot(np.dot(fracs,self.returns.cov()),fracs))
    #绘制最小方差前沿曲线
    minVar=MeanVariance(data)
    minVar.frontierCurve()
```

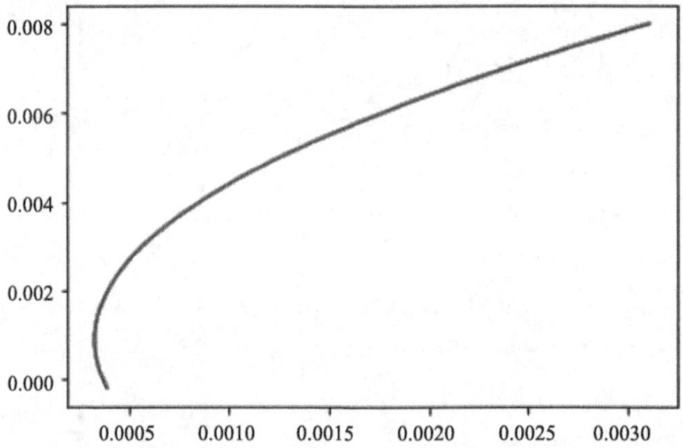

图 4.6　最小方差前沿曲线

4.4　CAPM 模型

资本资产定价模型（capital asset pricing model，CAPM）是由美国学者夏普、林特尔、特里诺和莫辛等人于 1964 年在资产组合理论和资本市场理论的基础上发展起来的，主要研究证券市场中资产的预期收益率与风险资产之间的关系，以及均衡价格是如何形成的。

案例 4.6　利用 CAPM 进行选股

我们先挑选五只股票：万科 A、中国平安、贵州茅台、万华化学和科大讯飞，然后我们以沪深 300 作为市场基准。

```
#导入需要的包
import pandas as pd
import seaborn as sns
import matplotlib.pyplot as plt
import matplotlib as mpl
sns.set()
plt.rcParams['font.sans-serif']=['simhei']#用于正常显示中文标签
plt.rcParams['axes.unicode_minus']=False#用于正常显示负号
#导入数据并对列进行重命名
df=pd.read_excel('./CAPM数据.xlsx',index_col='日期')
df.columns = ['wanke', 'pingan', 'maotai', 'wanhua', 'keda', 'hs300']
#查看累计收益率和标准差的情况：
returns = (df + 1).product() - 1
print('累计收益率：\n', returns)
print('\n标准差：\n', df.std())
```

```
累计收益率：
wanke      0.750258
pingan     1.590773
maotai     2.698820
wanhua     2.492389
keda       0.924182
hs300      0.237608
dtype: float64

标准差：
wanke      0.023262
pingan     0.017940
maotai     0.019677
wanhua     0.023850
keda       0.028615
hs300      0.011277
dtype: float64
```

```
#查看三年来的收益率波动情况：
plt.figure(figsize=(10, 5))
for col in df.columns:
```

```
    plt.plot(df[col], label=col)
plt.title('日收益率时序图(2017至2020)', fontsize=20)
plt.legend()
```

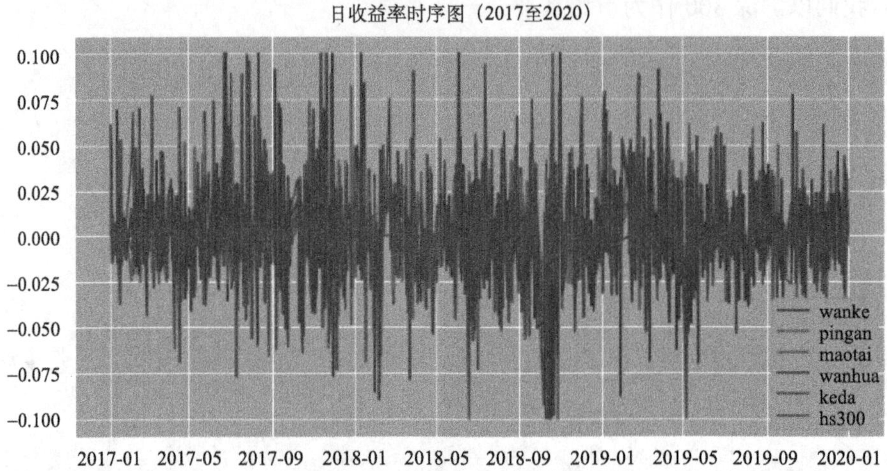

图 4.7　日收益率时序图

```
#查看累计收益率时序图
plt.figure(figsize=(10, 5))
for col in df.columns:
    plt.plot((df[col]+1).cumprod()-1, label=col)
plt.title('累计收益率时序图(2017至2020)', fontsize=20)
plt.legend()
```

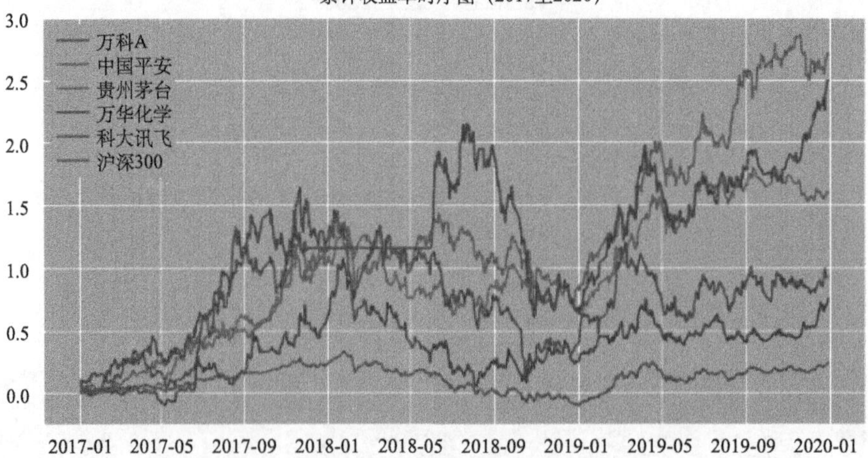

图 4.8　累计收益率时序图

```
#接下来利用CAPM选股
#假设当前无风险收益率为3.2%
#平均每日无风险收益率
rf = 1.032 ** (1/360) - 1
#计算这些股票和沪深300各自的风险溢酬
df_rp = df - rf
df_rp.head()
```

日期	wanke	pingan	maotai	wanhua	keda	hs300
2017-01-03	0.008672	0.006969	0.001139	0.060758	0.010987	0.009624
2017-01-04	0.005701	-0.000928	0.051772	0.038004	0.022914	0.007717
2017-01-05	0.003749	0.002157	-0.014779	-0.010210	0.003481	-0.000243
2017-01-06	-0.013943	-0.008204	0.011506	0.005025	-0.011823	-0.006063
2017-01-09	0.000881	-0.000652	-0.006502	-0.007718	0.005310	0.004762

```
#求解α和β
import statsmodels.api as sm
stock_names = {
    'wanke': '万科A',
    'pingan': '中国平安',
    'maotai': '贵州茅台',
    'wanhua': '万华化学',
    'keda': '科大讯飞'}
for stock in ['wanke', 'pingan', 'maotai', 'wanhua', 'keda']:
    model = sm.OLS(df_rp[stock], sm.add_constant(df_rp['hs300']))
    result = model.fit()
    print(stock_names[stock] + '\n')
    print(result.summary())
    print('\n\n')
```

第5章 衍生品定价案例

5.1 资产定价

金融衍生品（derivatives），是指从标的资产（underlying assets）衍生出来的金融工具，通常是一种金融合约（contract），其价值依赖于标的资产或标的指数。远期、期货、期权和互换是常见的四大类金融衍生品。金融衍生品根据交易场所的不同分为场内和场外两种，其中场内衍生品受统一监管，有清算所作支撑，违约风险较小；场外衍生品则恰恰相反，存在较大违约风险。目前市场上的金融衍生品交易以场外交易为主，场内交易的衍生品成交量只占衍生品总交易量的很小一部分。场内衍生品仅包括期货及部分期权，其他均属于场外衍生品的范畴。

远期：远期合约是交易双方约定在未来的某一确定时间，以确定的价格买卖一定数量的某种金融资产的合约。合约规定交易的标的物、有效期和交割时的执行价格等项内容。远期合约主要有远期利率协议、远期外汇合约、远期股票合约。如果即期价格低于远期价格，市场状况被描述为正向市场或溢价。如果即期价格高于远期价格，市场状况被描述为反向市场或差价。

期货：期货合约是买方同意在一段指定时间之后按特定价格接收某种资产，卖方同意在一段指定时间之后按特定价格交付某种资产的协议。双方同意将来交易时使用的价格称为期货价格。双方将来必须进行交易的指定日期称为结算日或交割日。双方同意交换的资产称为“标的”。如果投资者通过买入期货合约（即同意在将来日期买入）在市场上取得一个头寸，称多头头寸或在期货上做多。相反，如果投资者取得的头寸是卖出期货合约（即承担将来卖出的合约责任），称空头头寸或在期货上做空。

期权：期权是一种选择权，指是一种能在未来某特定时间以特定价格买入或卖出一定数量的某种特定商品的权利。它是在期货的基础上产生的一种金融工具，给予买方（或持有者）购买或出售标的资产(underlying asset)的权利。期权的持有者可以在该项期权规定的时间内选择买或不买、卖或不卖的权利，他可以实施该权利，也可以放弃该权利，而期权的出卖者则只负有期权合约规定的义务。常见的期权种类有欧式期权、美式期权和其他奇异期权等。

互换：互换是指交易双方约定在未来某一时期相互交换某种资产的交易形式。

5.2 欧式期权

期权履约方式包括美式和欧式两种。欧式期权是指买入期权的一方必须在期权到期日当天才能行使的期权。假设一个欧式看涨期权的执行价格为 K，到期时刻 T 的资产价格为 S，则该欧式看涨期权的收益是 max(S-K,0)；若为欧式看跌期权，则收益为 max(K-S,0)。B-S 公式是欧式期权常用的定价方法，我们可以编写一个类来计算欧式期权的价格、Vega 值和隐含波动率(implied volatility)。其中，Vega 值是期权价格关于标的资产价格波动率的敏感程度；隐含波动率是将市场上的期权或权证交易价格代入权证理论价格模型，反推出来的波动率数值。

案例 5.1　欧式期权定价

```
from math import log, sqrt, exp
from scipy import stats
class call_option(object):
    def __init__(self, S0, K, T, r, sigma):
        self.S0 = float(S0)
        self.K = K
        self.T = T
        self.r = r
        self.sigma = sigma
    def value(self):
        ''' Returns option value. '''
        d1 = ((log(self.S0 / self.K) + (self.r + 0.5 * self.sigma **
2) * self.T) / (self.sigma * sqrt(self.T))
        d2 = ((log(self.S0 / self.K) + (self.r - 0.5 * self.sigma **
2) * self.T) / (self.sigma * sqrt(self.T)))
```

```
        value = (self.S0 * stats.norm.cdf(d1, 0.0, 1.0) - self.K *
exp(-self.r * self.T) * stats.norm.cdf(d2, 0.0, 1.0))
        return value
    def vega(self):
        ''' Returns Vega of option. '''
        d1 = ((log(self.S0 / self.K) + (self.r + 0.5 * self.sigma **
2) * self.T) / (self.sigma * sqrt(self.T)))
        vega = self.S0 * stats.norm.cdf(d1, 0.0, 1.0) * sqrt(self.T)
        return vega
    def imp_vol(self, C0, sigma_est=0.2, it=100):
        ''' Returns implied volatility given option price. '''
        option = call_option(self.S0, self.K, self.T, self.r,
sigma_est)
        for i in range(it):
        option.sigma -= (option.value() - C0) / option.vega()
        return option.sigma
```

输入和输出如下：

```
In [1] : o = call_option(100., 105., 1.0, 0.05, 0.2)
In [2] : value = o.value()
Out[2]: 8.021352235143176З
In [3] : o.vega()
Out[3]: 54.222833358480528
In [4]: o.imp_vol(C0=value)
Out[4]: 0.20000000000000001
```

有了这个类以后，我们可以作图观察到期时间T和执行价格K对期权价格的影响。

```
import numpy as np
import matplotlib.pyplot as plt
from mpl_toolkits.mplot3d import Axes3D
from pylab import cm
%matplotlib inline
#计算不同到期时间T和执行价格K下的期权价格
maturities = np.linspace(0.05, 2.0, 20)
strikes = np.linspace(80, 120, 20)
T, K = np.meshgrid(strikes, maturities)
C = np.zeros_like(K)
```

```
    V = np.zeros_like(C)
    for t in enumerate(maturities):
        for k in enumerate(strikes):
            o.T = t[1]
            o.K = k[1]
            C[t[0], k[0]] = o.value()
            V[t[0], k[0]] = o.vega()
    #画图（期权价格）
    fig = plt.figure(figsize=(12, 7))
    ax = fig.gca(projection='3d')
    surf = ax.plot_surface(T, K, C, rstride=1, cstride=1, cmap = cm.
coolwarm, linewidth=0.5, antialiased=True)
    ax.set_xlabel('strike')
    ax.set_ylabel('maturity')
    ax.set_zlabel('European call option value')
    fig.colorbar(surf, shrink=0.5, aspect=5)
    #画图（期权的Vega）
    fig = plt.figure(figsize=(12, 7))
    ax = fig.gca(projection='3d')
    surf = ax.plot_surface(T, K, V, rstride=1, cstride=1, cmap=cm.coolwarm,
linewidth=0.5, antialiased=True)
    ax.set_xlabel('strike')
    ax.set_ylabel('maturity')
    ax.set_zlabel('Vega of European call option')
    fig.colorbar(surf, shrink=0.5, aspect=5)
    plt.show()
```

5.3　美式期权

美式期权的买方可以在到期日或之前任一交易日提出执行合约，而不同于欧式期权的只能在到期日行权。因此，美式期权的买方权利相对较大，美式期权的卖方风险相应也较大。所以同样条件下，美式期权的价格也相对较高。

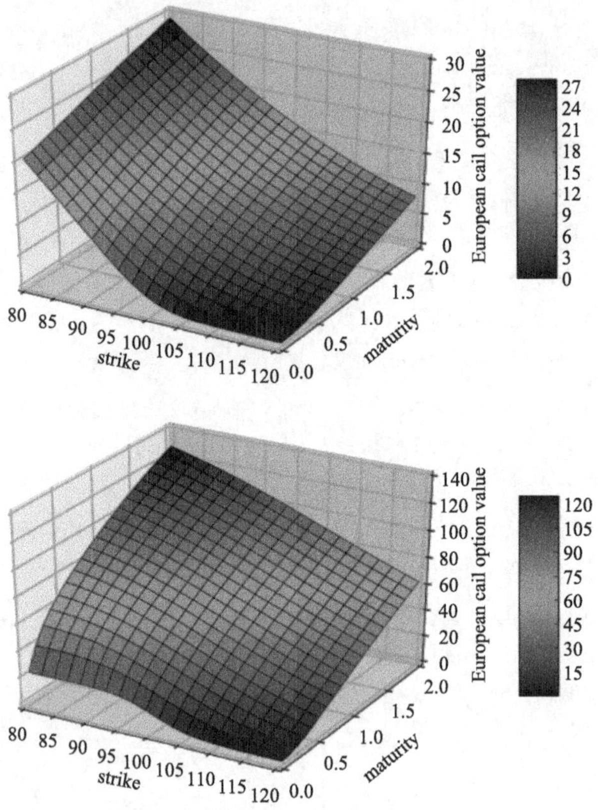

图 5.1　欧式期权模拟图

美式期权的价格不容易从 B-S 公式导出显式解，但可以通过蒙特卡罗等数值方法模拟。

5.4　布莱克-斯科尔斯模型定价

欧式期权：由布莱克-斯科尔斯-默顿微分方程可以导出欧式看涨和看跌期权的定价公式：

$$c = S_0 N(d_1) - K\mathrm{e}^{-rT} N(d_2)$$

和

$$p = K\mathrm{e}^{-rT} N(-d_2) - S_0 N(-d_1)$$

其中

$$d_1 = \frac{\ln\left(\frac{S_0}{K}\right) + \left(r + \sigma^2 / 2\right)T}{\sigma\sqrt{T}}$$

$$d_2 = \frac{\ln\left(\frac{S_0}{K}\right) + \left(r - \sigma^2 / 2\right)T}{\sigma\sqrt{T}} = d_1 - \sigma\sqrt{T}$$

函数 $N(x)$为标准正态分布的累积概率分布函数。公式中的其他记号：c 与 p 分别为欧式看涨和欧式看跌期权的价格，S_0 为股票 0 时的价格，K 为期权执行价格，r 为连续复利的无风险利率，σ 为股票价格的波动率，T 为期权的期限。

若已知一个欧式期权的

标的资产当前价格 S_0 : 100

执行价格 K :95

到期期限 T : 0.25

无风险利率 r : 0.05

波动率 σ : 0.25

用案例 5.2 分别求看涨和看跌两种期权的价格。

案例 5.2　分别用 B-S 公式求看涨和看跌两种期权的价格

```
from math import log,sqrt,exp
from scipy.stats import norm
def OptionValueBS(call,S0,K,T,r,sigma):
    d1=(log(S0/K)+(r+0.5*sigma*sigma)*T)/sigma/sqrt(T)
    d2=d1-sigma*sqrt(T)
    if call==1:  #欧式看涨
        P = S0*norm.cdf(d1)-K*exp(-r*T)*norm.cdf(d2)
        return P
    elif call==0:      #欧式看跌
        P = K*exp(-r*T)*norm.cdf(-d2)-S0*norm.cdf(-d1)
        return P
print('欧式看涨期权
格:%.4f'%OptionValueBS(call=1,S0=100,K=95,T=0.25,r=0.05,
                                        sigma=0.25))
print('欧式看跌期权
格:%.4f'%OptionValueBS(call=0,S0=100,K=95,T=0.25,r=0.05,
                                        sigma=0.25))
```

运行程序我们需要传入 call 这个参数，当定价看涨期权时 call=1，看跌期权时 call=0，其他参数都在定价公式里有所介绍，运行结果如下：

欧式看跌期权价格：2.3541。

美式期权：美式期权的价格虽然不能通过 B-S 公式导出，但我们可以得到期权价格的一个上下界。

5.5　二叉树定价

布莱克-斯科尔斯（Black-Scholes）期权定价模型虽然有许多优点，但是它的推导过程难以为人们所接受。在 1979 年，罗斯等人使用一种比较浅显的方法设计出一种期权的定价模型，称为二项式模型(binomial model)或二叉树法(binomial tree)。二项期权定价模型由考克斯（J.C.Cox）、罗斯（S.A.Ross）、鲁宾斯坦（M.Rubinstein）和夏普（W. F. Sharpe）等人提出的一种期权定价模型，主要用于计算美式期权的价值。其优点在于比较直观简单，不需要太多数学知识就可以加以应用。

二项期权定价模型假设股价波动只有向上和向下两个方向，且假设在整个考察期内，股价每次向上(或向下)波动的概率和幅度不变。模型将考察的存续期分为若干阶段，根据股价的历史波动率模拟出正股在整个存续期内所有可能的发展路径，并对每一路径上的每一节点计算权证行权收益和用贴现法计算出的权证价格。

对于欧式期权，只需一步步向前迭代计算出节点价值即可。对于美式期权，由于可以提前行权，每一节点上期权的理论价格应为期权行权收益和贴现计算出的期权价格两者较大者。较常用的有一步二叉树和两步二叉树。

对于需要定价的欧式或美式期权，我们需要输入以下几个参数：

sigma：该期权的标的资产的波动率

t：定价的时间跨度

r: 无风险利率

K: 期权的执行价格

S: 标的资产的现价

除此之外，需要告诉程序期权的种类和使用的模型：

European: 给欧式期权定价时给这个参数传入 1，美式传入 0

call：给看涨期权定价时传入 1，看跌传入 0

step：常用的是一步和两步二叉树模型，使用一步二叉树模型定价时传入 1，两步二叉树传入 2

案例 5.3　二叉树定价

下面的例子里采用了两组参数做二叉树定价，例 1 是欧式看跌期权的两步二叉树定价模型，例 2 是美式看跌期权的两步二叉树定价模型，运行结果如下：

```
import numpy as np
#参数设置1
sigma1 = 0.2  #波动率
t1 = 2  #时间跨度
r1 = 0.05  #无风险利率
K1 = 75  #执行价格
S1 = 70  #现价
#参数设置2
sigma2 = 0.15
t2 = 0.5
r2 = 0.02
K2 = 37
S2 = 32
def OptionValue(European,call,step,sigma,t,r,K,S):
    #定价欧式期权时European取1，美式期权时取0
    #定价看涨期权时call取1，看跌期权时取0
    #使用一步二叉树定价时step取1，两步时取2
    t = t/step  #计算每期时间长度
    u = np.exp(sigma*np.sqrt(t))  #价格上涨的幅度
    d = 1/u  #价格下降的幅度
    Pu = (np.exp(r*t)-d)/(u-d)  #价格上升的概率
    Pd = 1-Pu  #价格下降的概率
    S1 = S*u
    S0 = S*d
    S11 = S*u*u
    S10 = S*u*d
    S00 = S*d*d  #计算出各个节点的资产价格
```

```
    if European==1:
        if call==1:     #欧式看涨期权
            if step==1:
                V1 = max(0,S1-K)
                V0 = max(0,S0-K)
                V = (V1*Pu+V0*Pd)*np.exp(-r*t)
                return V
            elif step==2:
                V11 = max(0,S11-K)
                V10 = max(0,S10-K)
                V00 = max(0,S00-K)
                V1 = (V11*Pu+V10*Pd)*np.exp(-r*t)
                V0 = (V10*Pu+V00*Pd)*np.exp(-r*t)
                V = (V1*Pu+V0*Pd)*np.exp(-r*t) #计算各个节点的期权价值
                return V
        elif call == 0:  #欧式看跌期权
            if step==1:
                V1 = max(0,K-S1)
                V0 = max(0,K-S0)
                V = (V1*Pu+V0*Pd)*np.exp(-r*t)
                return V
            elif step==2:
                V11 = max(0,K-S11)
                V10 = max(0,K-S10)
                V00 = max(0,K-S00)
                V1 = (V11*Pu+V10*Pd)*np.exp(-r*t)
                V0 = (V10*Pu+V00*Pd)*np.exp(-r*t)
                V = (V1*Pu+V0*Pd)*np.exp(-r*t) #计算各个节点的期权价值
                return V
    elif European==0:
        if call==1:     #美式看涨期权
            if step==1:
                V1 = max(0,S1-K)
                V0 = max(0,S0-K)
                V = max((V1*Pu+V0*Pd)*np.exp(-r*t),S-K)
```

```
                return V
            elif step==2:
                V11 = max(0,S11-K)
                V10 = max(0,S10-K)
                V00 = max(0,S00-K)
                V1 = max((V11*Pu+V10*Pd)*np.exp(-r*t),S1-K)
                V0 = max((V10*Pu+V00*Pd)*np.exp(-r*t),S0-K)
                V = max((V1*Pu+V0*Pd)*np.exp(-r*t),K-S) #计算各个节点
的期权价值
                return V
        elif call == 0:  #美式看跌期权
            if step==1:
                V1 = max(0,K-S1)
                V0 = max(0,K-S0)
                V = max((V1*Pu+V0*Pd)*np.exp(-r*t),K-S)
                return V
            elif step==2:
                V11 = max(0,K-S11)
                V10 = max(0,K-S10)
                V00 = max(0,K-S00)
                V1 = max((V11*Pu+V10*Pd)*np.exp(-r*t),K-S1)
                V0 = max((V10*Pu+V00*Pd)*np.exp(-r*t),K-S0)
                V = max((V1*Pu+V0*Pd)*np.exp(-r*t),K-S)  #计算各个节点
的期权价值
                return V
    Price1 = OptionValue(1,0,2,sigma1,t1,r1,K1,S1)
    Price2 = OptionValue(0,0,2,sigma2,t2,r2,K2,S2)
```

5.6　蒙特卡罗模拟和欧拉离散化定价

蒙特卡罗模拟：蒙特卡罗模拟模拟期权价格的思想是利用蒙特卡罗法模拟标的资产的价格路径，然后利用欧式期权的定义来定价。具体步骤如下：

1. 将时间间隔$[0,T]$分为等距的、长度为 Δt 的子时段。
2. 开始循环 $i=1,2,\cdots,l$。

1）对于每个时间步 $t \in \{\Delta t, 2\Delta t, \cdots, T\}$，取伪随机数 $Z\_t(i)$。

2）逐个时间步应用伪随机数，确定指数水平 $ST(i)$的 T 值。

3）确定 T 时点欧式看涨期权的内在价值 $ht(ST(i))=\max(ST(i)-K,0)$。

4）循环到 $i=I$。

3. 根据欧式看涨期权的蒙特卡罗估算函数，加总内在价值，求平均值，并扣除无风险短期利率。

案例 5.4　蒙特卡罗模拟定价

```
from time import time
from math import exp, sqrt
from random import gauss, seed
seed(20000)
t0 = time()
# 参数设定
S0 = 2.45
K = 2.5
T = 0.25
r = 0.05
sigma = 0.25
M = 50 # 时间步长
dt = T / M
I = 250000
S = []
# M步循环
for i in range(I):
    path = []
    for t in range(M+1):
        if t == 0 :
            path.append(S0)
        else:
            z = gauss(0, 1)
            St = path[t-1] * exp((r - 0.5 * sigma **2) * dt
                                  + sigma * sqrt(dt) * z)
            path.append(St)
```

```
    S.append(path)
C0 = exp(-r * T) * sum([max(path[-1] - K, 0) for path in S])/ I
print(f'欧式期权定价 {C0}.')
```

程序运行结果：

欧式期权定价：0.11300563268436155

注：蒙特卡罗模拟法计算期权价格的算法复杂度高，程序运行时间长。我们可以利用 Python 的数组运算实现并行计算，加快程序运行速度。

```
import math
import numpy as np
np.random.seed(20000)
# 参数
S0 = 2.45; K=2.5; T=0.25; r=0.05; sigma=0.25
M=50; dt=T/M; I=250000
S = np.zeros((M+1, I))
S[0] = S0
for t in range(1, M+1):
    z = np.random.standard_normal(I)
    S[t] = S[t-1] * np.exp((r - 0.5 *sigma**2)*dt
                      + sigma * math.sqrt(dt) * z)
C0 = math.exp(-r*T) * np.sum(np.maximum(S[-1]-K, 0)) /I
print(f'欧式期权定价 {C0}.')
```

运行结果：

欧式期权定价：0.11354616740973857

案例 5.5 欧拉离散化定价

欧拉离散化方法：采用递增法不用循环实现蒙特卡罗模拟，及路径可视化。

```
import math
import numpy as np
np.random.seed(10000)
# 参数
S0 = 2.45; K=2.5; T=0.25; r=0.05; sigma=0.25
M = 50 # 时间步长
```

```
dt = T / M
I = 250000
S = []
S = S0 * np.exp(np.cumsum((r-0.5*sigma**2)*dt + sigma * math.sqrt(dt)
                    * np.random.standard_normal((M+1, I)), axis=0
                   ))
S[0] = S0
C0 = math.exp(-r*T) * np.sum(np.maximum(S[-1]-K, 0))/I

print(f'欧式期权定价 {C0}.')
import matplotlib.pyplot as plt
plt.plot(S[:, : 10])
plt.grid(True)
plt.xlabel('时间步长')
plt.ylabel('指数水平')
plt.show()
plt.hist(S[-1], bins=50)
plt.grid(True)
plt.xlabel('指数水平')
plt.ylabel('频率')
plt.show()
```

程序运行结果如下：

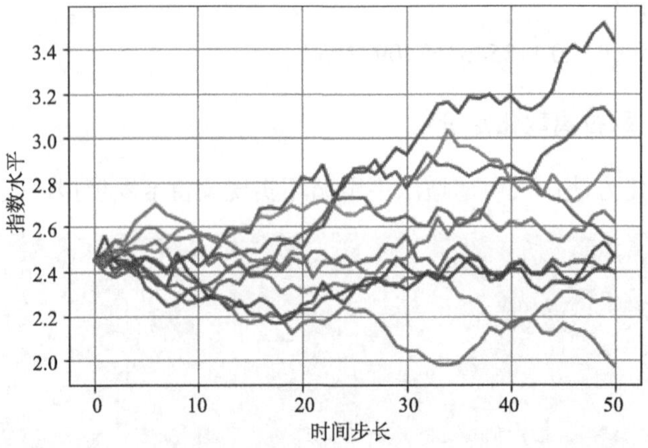

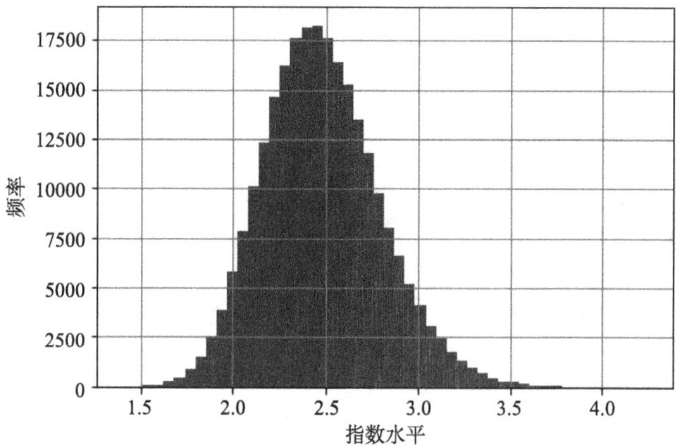
17500
15000
12500
10000
7500
5000
2500
0
频率
1.5
2.0
2.5
3.0
3.5
4.0
指数水平

图 5.2　欧拉离散化定价

第6章 金融模型的模拟案例

6.1 随机数生成

随机数的生成是金融统计模拟计算中，最重要最基础的环节，诸多算法都必须依赖于随机数。随机数的产生包括了多种情形，本节将介绍从取值离散有限的分布、常见的特殊分布以及一般的分布抽取随机数的方法。

6.1.1 调用库函数实现随机数的生成

1. 样本空间有限下的抽样

先考虑最简单的情形，每个样本点的概率被等可能地取到，我们只需调用 random 库中的 choice 函数就可以直接实现。

random.choice(seq)：从非空序列 seq 中返回一个随机元素。如果 seq 为空，则引发 Index Error。

如果序列中的元素不是被等概率的选到，我们可以借用均匀分布中的样本值来模拟概率，具体代码如下：

```
    import random
def get_number_by_pro(number_list, pro_list):
   """
   :param number_list:数字列表
   :param pro_list:数字对应的概率列表
   :return:按概率从数字列表中抽取的数字
   """
```

```
    # 用均匀分布中的样本值来模拟概率
    x = random.uniform(0, 1)
    # 累积概率
    cum_pro = 0.0
    # 将可迭代对象打包成元组列表
    for number, number_pro in zip(number_list, pro_list):
        cum_pro += number_pro
        if x < cum_pro:
            # 返回值
            return number
# 数字列表
num_list = [1, 2, 3, 4, 5]
# 对应的概率列表
pr_list = [0.1, 0.3, 0.1, 0.4, 0.1]
# 函数调用
n = get_number_by_pro(number_list=num_list, pro_list=pr_list)
```

当然，简单起见，我们也可以调用 NumPy 库中的 random.choice 这一函数，用法如下：numpy.random.choice(a, size=None, replace=True, p=None)，其中 a 是样本空间，size 是抽取的样本量，默认为 1，replace 为是否放回，p 是样本所对应的概率列表，默认为各个样本等概率。由此，n=np.random.choice (a=num_list, p=pr_list, size=None, replace=False)这一命令也达到了和上述 get_number_by_pro 一样的效果。

2. 从常用分布中抽样

在实际应用中，我们会遇到很多从一些常用分布（如正态分布、均匀分布、指数分布）中产生随机数的任务，对此，我们可以直接调用 numpy.random 子库提供的函数来生成：

```
import numpy.random as npr
a=npr.uniform(low=0,high=1,size=1)
```

此处 a 即为从均匀分布 $U(0,1)$ 中产生的随机数。下表给出了一些生成常用分布的函数。

表 5-1 常用分布的随机数生成函数

函数名称	函数功能
beta(a, b[, size])	贝塔分布样本，在 [0, 1]内
binomial(n, p[, size])	二项分布的样本
chisquare(df[, size])	卡方分布样本
dirichlet(alpha[, size])	狄利克雷分布样本
exponential([scale, size])	指数分布
f(dfnum, dfden[, size])	F 分布样本
gamma(shape[, scale, size])	伽马分布
geometric(p[, size])	几何分布
hypergeometric(ngood, nbad, nsample[, size])	超几何分布样本
laplace([loc, scale, size])	拉普拉斯或双指数分布样本
logistic([loc, scale, size])	Logistic 分布样本
multinomial(n, pvals[, size])	多项分布
multivariate_normal(mean, cov[, size])	多元正态分布
negative_binomial(n, p[, size])	负二项分布
normal([loc, scale, size])	正态(高斯)分布
pareto(a[, size])	帕累托（Lomax）分布
poisson([lam, size])	泊松分布
rayleigh([scale, size])	Rayleigh 分布
standard_cauchy([size])	标准柯西分布
triangular(left, mode, right[, size])	三角形分布
uniform([low, high, size])	均匀分布
wald(mean, scale[, size])	瓦尔德（逆高斯）分布
weibull(a[, size])	Weibull 分布

然而，在处理实际问题的时候，仅仅采用上述函数生成随机数是远远不够的，为此我们需要更多的方法来帮助我们解决这一问题。

6.1.2 逆变换方法

逆变换（inverse transform method）方法的理论依据是下述定理，在此我们不加以证明的直接使用：若 X 是一连续型随机变量，有分布函数 $F_X(x)$，则随机变量 $U = F_X(X) \sim U(0,1)$.

定义如下逆变换：

$$F_X^{-1}(u) = \inf\{x : F_X(x) = u\}, \qquad 0 < u < 1.$$

则有 $P(F_X^{-1}(u) \leqslant x) = P(U \leqslant F_X(x)) = F_X(x)$，其中 $U \sim U(0,1)$。

由此，我们可以将这一算法总结如下：

（1）计算逆函数 $F_X^{-1}(v)$；

（2）从 $U(0,1)$ 中产生一随机数 u；

（3）计算 $F_X^{-1}(u)$。

例：从密度函数为 $f_X(x) = 3x^2, 0 < x < 1$ 这一分布中产生随机数。

不难发现，对应的分布函数为 $F_X(x) = x^3$，从而有 $F_X^{-1}(u) = u^{1/3}$，故可以使用如下方式产生相应的随机数：

```
import numpy.random as npr
#产生（0,1）上的随机数
u=npr.uniform(0,1)
#对应的从要求分布中的随机数
x=u**(1/3)
```

6.1.3　接受-拒绝方法

假设 X,Y 分别有概率密度函数 f,g，并且存在常数 c 使得 $f(t)/g(t) \leqslant c$ 对任意满足 $f(t) > 0$ 的 t 都成立，则可以使用接受-拒绝方法（the acceptance-rejection method）从 X 中产生随机数，算法如下：

（1）寻找随机变量 Y 有概率密度函数 g，满足上述假设条件；

（2）寻找从 Y 中生成随机变量的方法；

（3）从 Y 中产生随机变量 y；

（4）从 $U(0,1)$ 中产生随机变量 u；

（5）若 $u < f(y)/(cg(y))$，则接受 y，令 $x = y$ 即为获得的从 X 中生成的随机数；否则拒绝 y，回到第（3）步。

值得一提的是，我们拒绝一个 y 的概率是 $1/c$，因此，在实际应用中，应选取尽可能小的 c。

案例 6.1　利用接受-拒绝方法从 Beta(2,2) 中产生随机数

Beta(2,2) 有概率密度函数 $f(x) = 6x(1-x),\ 0 < x < 1$。不妨令 $g(x)$ 为 $U(0,1)$ 的概率密度函数，则可取 $c = 6$，从而得到如下代码：

```
import numpy.random as npr
n=1000
#记录生成n个随机数所需的抽样次数
k=0
i=0
y=[0 for x in range(0,n)]
while k<n:
    u=npr.uniform(0,1)
    i=i+1
# 从g中产生随机数
    x=npr.uniform(0,1)
    if x*(1-x)>u :
        # 接受x
        k=k+1
        y[k-1]=x
print(i)
```

不难发现，输出的 i 在 6000 左右，与前文所说的接受概率相吻合。

6.2 蒙特卡罗模拟

6.2.1 蒙特卡罗方法

蒙特卡罗（Monte Carlo）方法也称随机抽样、统计模拟法、统计试验法，是 20 世纪 40 年代中期，电子计算机发明后，提出的一种以概率统计理论为指导的一类非常重要的数值计算方法。二战期间，数学家冯·诺伊曼等运用蒙特卡罗方法来分析中子在核反应堆中的传输过程，由于当时随机数的想法来源于骰子及轮盘等赌博用具，因此用著名赌城蒙特卡罗来命名这一算法。它也是金融学中最重要的算法之一，在期权定价或者风险管理问题上有很强的能力。和其他数值方法相比，蒙特卡罗方法更容易处理高维问题，在这种问题上复杂度和计算需求通常以线性方式增大。

一般而言，运用蒙特卡罗方法解决问题的步骤大概有三步：

（1）根据实际问题的特点，构造简单而又便于实现的概率统计模型，使所求的解恰好是所求问题的概率分布或数学期望。对于本身就具有随机性质的问题，如粒子输运问题，主要是正确描述和模拟这个概率过程；对于本来不是随机性质的确定性问题，比如计算定积分，就必须事先构造一个人为的概率过程，它的某些参量正好是所要求问题的解。即要将不具有随机性质的问题转化为随机性质的问题。

（2）给出模型中各种不同分布随机变量的抽样方法并完成抽样。构造了概率模型以后，由于各种概率模型都可以看作是由各种各样的概率分布构成的，因此产生已知概率分布的随机变量（或随机向量），就成为实现蒙特卡罗方法模拟实验的基本手段，这也是蒙特卡罗方法被称为随机抽样的原因。

（3）统计处理模拟结果，给出问题解的统计估计值和精度估计值。

6.2.2　蒙特卡罗积分

一般而言，计算定积分 $\theta=\int_a^b g(x)\mathrm{d}x$ 分别如下三步：

（1）从 $U(a,b)$ 中产生一列独立同分布的随机变量序列 $X_1,X_2,\cdots,X_m$；

（2）计算 $\overline{g(X)}=\frac{1}{m}\sum_{i=1}^{m}g(X_i)$；

（3）得到 θ 的估计值 $\hat{\theta}=(b-a)\overline{g(X)}$.

案例 6.2　计算积分 $\theta=\int_0^6 (x+x^2)\mathrm{d}x$

```
import numpy as np
import numpy.random as npr
from sympy import *
#声明函数
def f(x):
   return x+x*x
#真实值
x = symbols('x')
print(integrate(f(x), (x, 0, 6)))
#蒙特卡罗模拟值
m = 10000
X = npr.uniform(0,6,m)
print(6*np.mean(f(X)))
```

运行结果如下：

```
90
90.69139374424043
```

不难发现，通过蒙特卡罗模拟所得的积分值与真实值相接近。

6.2.3 利用 NumPy 向量化提升计算速度

NumPy 提供了强大的多维数组类 ndarray，以及一组全面的函数和方法，可以操纵数组，实现这些对象上的（复杂）运算。因此，NumPy 比纯 Python 有更紧凑的实现，代码往往更容易理解和维护。并且大部分 NumPy 代码是用 C 或者 Fortran 实现的，正确使用时，比纯 Python 运行更快。

案例 6.3 欧式看涨期权的蒙特卡罗估值

我们取模拟次数为 250000，利用 NumPy 向量化的代码如下：

```
import math
import numpy as np
from time import time
np.random.seed(20000)
t0 = time()
# Parameters
S0 = 100.; K = 105.; T = 1.0; r = 0.05; sigma = 0.2
M = 50; dt = T / M; I = 250000
# Simulating I paths with M time steps
S = np.zeros((M + 1, I))
S[0] = S0
for t in range(1, M + 1):
    z = np.random.standard_normal(I) # pseudorandom numbers
    S[t] = S[t - 1] * np.exp((r - 0.5 * sigma ** 2) * dt+ sigma *
math.sqrt(dt) * z)
# vectorized operation per time step over all paths
# Calculating the Monte Carlo estimator
C0 = math.exp(-r * T) * np.sum(np.maximum(S[-1] - K, 0)) / I
# Results output
tnp1 = time() - t0
print("European Option Value %7.3f" % C0)
print("Duration in Seconds %7.3f" % tnp1)
```

6.3 平方根扩散

除了 Black-Scholes-Merton 模型之外，金融学中还有其他重要的模型，平方根扩散就是其中之一，具有如下的 SDE：

$$\mathrm{d}x_t = k(\theta - x_t)\mathrm{d}t + \sigma\sqrt{x_t}\,\mathrm{d}Z_t$$

其中 x_t 表示日程 t 的过程水平，k 为均值回归因子，θ 为长期过程均值，σ 为恒定波动率参数，Z 为标准布朗运动。

众所周知，x_t 的值呈卡方分布，我们定义 $s = t - \Delta t, x^+ = \max(x, 0)$，则根据欧拉离散化，得到平方根扩散的欧拉离散化公式：

$$\tilde{x}_t = \tilde{x}_s + k(\theta - \tilde{x}_s^+)\Delta t + \sigma\sqrt{\tilde{x}_s^+}\sqrt{\Delta t z_t}$$

$$x_t = \tilde{x}_t^+$$

案例 6.4 利用蒙特卡罗算法计算模拟 x_t

```
import math
import numpy as np
import numpy.random as npr
import matplotlib.pyplot as plt
# Parameters
x0 = 0.05; k = 3.0; theta = 0.02; sigma = 0.1; T = 1.0
I = 25000; M = 50; dt = T / M
def srd_euler():
    xh = np.zeros((M + 1, I))
    x = np.zeros_like(xh)
    xh[0] = x0
    x[0] = x0
    for t in range(1, M + 1):
        xh[t] = (xh[t - 1] +k * (theta - np.maximum(xh[t - 1], 0)) * dt
        +sigma * np.sqrt(np.maximum(xh[t - 1], 0)) *math.sqrt(dt)
        * npr.standard_normal(I))
    x = np.maximum(xh, 0)
    return x
x1 = srd_euler()
```

```
plt.hist(x1[-1], bins=50)
plt.xlabel('value')
plt.ylabel('frequency')
plt.show()
```

得到如下直方图

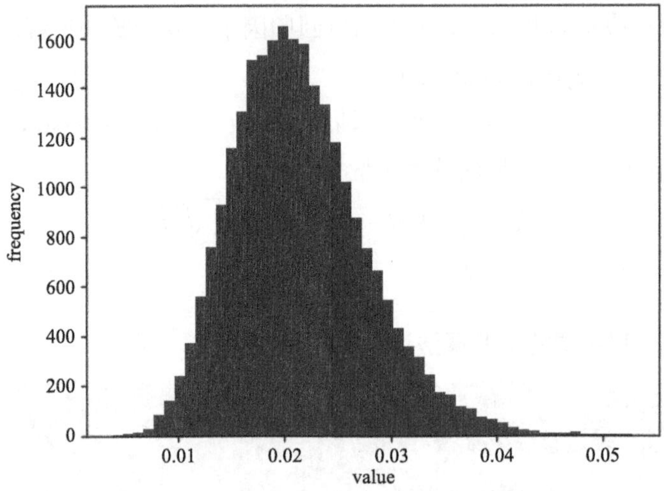

图 6.1　蒙特卡罗法模拟得到的直方图

事实上，对于自由度 $\mathrm{d}f=\dfrac{4\theta k}{\sigma^2}$，非中心参数 $nc=\dfrac{4k\mathrm{e}^{-k\Delta t}}{\sigma^2(1-\mathrm{e}^{-k\Delta t})}x_s$ 的卡方分布 $\chi_d'^2$，有如下精确离散化形式：

$$x_t=\frac{\sigma^2(1-\mathrm{e}^{-k\Delta t})}{4k}\chi_d'^2\left(\frac{4k\mathrm{e}^{-k\Delta t}}{\sigma^2(1-\mathrm{e}^{-k\Delta t})}x_s\right)$$

同样利用 Python 实现如下：

```
def srd_exact():
x = np.zeros((M + 1, I))
x[0] = x0
for t in range(1, M + 1):
    df = 4 * theta * k / sigma ** 2
    c = (sigma ** 2 * (1 - np.exp(-k * dt))) / (4 * k)
    nc = np.exp(-k* dt) / c * x[t - 1]
```

```
    x[t] = c * npr.noncentral_chisquare(df, nc, size=I)
  return x
x2 = srd_exact()
plt.hist(x2[-1], bins=50)
plt.xlabel('value')
plt.ylabel('frequency')
plt.show()
```

得到如下直方图：

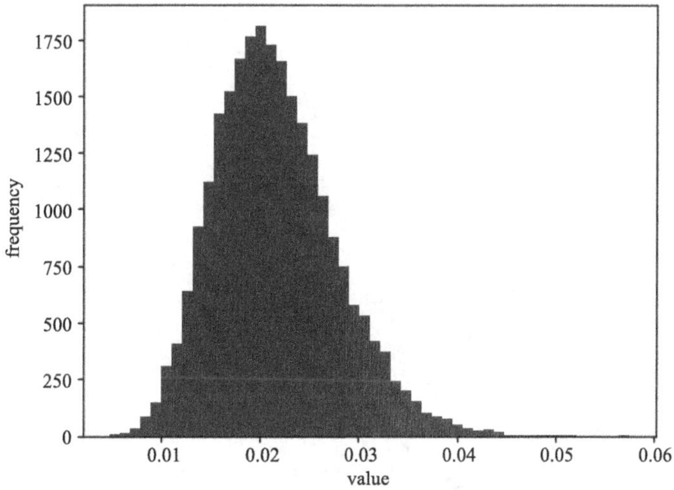

图 6.2　精确离散化得到的直方图

不难发现，两者的结果相近。

6.4　跳 跃 扩 散

跳跃扩散模型是金融学中另一个重要模型，有如下的随机微分方程（SDE）：

$$\mathrm{d}S_t = (r - r_J)S_t\mathrm{d}t + \sigma S_t\mathrm{d}Z_t + J_t S_t\mathrm{d}N_t$$

其中 S_t 表示 t 日的指数水平，r 表示恒定无风险短期利率，$r_J \equiv \lambda(\mathrm{e}^{\mu_J+\delta^2/2} - 1)$ 是维持风险中立性的跳跃漂移校正，σ 是 S 的恒定波动率，J_t 是 t 日的跳跃，满足 $\lg(1+J_t) \approx \Phi(\lg(1+\mu_J) - \dfrac{\delta^2}{2}, \delta^2)$，$\Phi$ 是标准正态的分布函数，N_t 是参数为 λ 的泊松分布；S_t 有如下离散化形式：

$$S_t = S_{t-\Delta t}\left(\mathrm{e}^{(r-r_J-\sigma^2/2)\Delta t+\sigma\sqrt{\Delta t}z_t^1} + \left(\mathrm{e}^{\mu_J+\delta z_t^2}-1\right)y_t\right)$$

案例 6.5　利用蒙特卡罗算法计算模拟 S_t

```
import math
import numpy as np
import numpy.random as npr
import matplotlib.pyplot as plt
# Parameters
S0 = 100; r = 0.05; sigma = 0.2; lamb = 0.75
mu = -0.6; delta = 0.25; rj = lamb * (math.exp(mu + 0.5 * delta ** 
2) - 1)
T = 1.0; M = 50; I = 250000; dt = T / M
S = np.zeros((M + 1, I))
S[0] = S0
sn1 = npr.standard_normal((M + 1, I))
sn2 = npr.standard_normal((M + 1, I))
poi = npr.poisson(lamb * dt, (M + 1, I))
for t in range(1, M + 1, 1):
    S[t] = S[t - 1] * (np.exp((r - rj - 0.5 * sigma ** 2) * dt
                        +sigma * math.sqrt(dt) * sn1[t]) +
                  (np.exp(mu + delta * sn2[t]) - 1) *poi[t])
    S[t] = np.maximum(S[t], 0)
plt.figure(figsize=(10, 6))
plt.hist(S[-1], bins=50)
plt.xlabel('value')
plt.ylabel('frequency')
plt.show()
```

得到如下直方图：

不难发现最终的模拟指数水平与典型正态分布相比更向右倾斜，这是因为我们已经假定跳跃的均值为较大的负数的缘故。

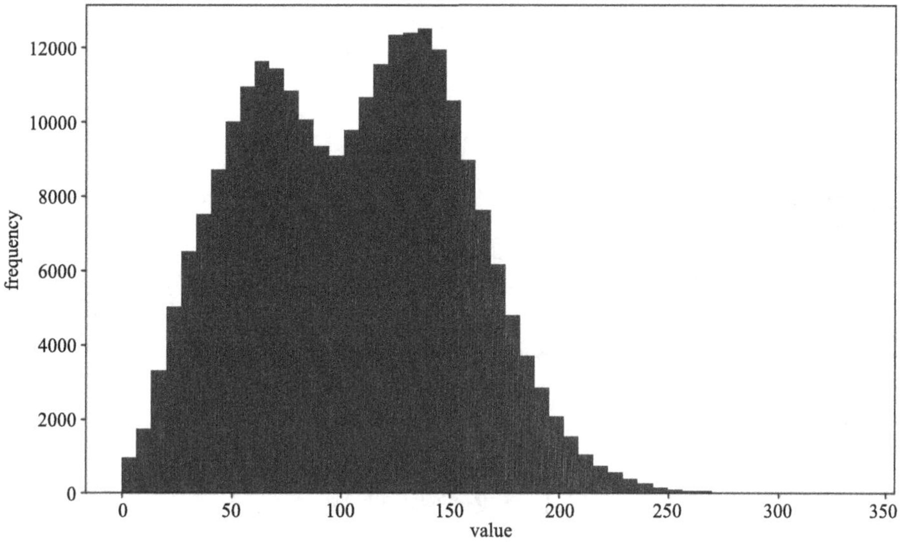

图 6.3　蒙特卡罗方法模拟的指数分布

第7章 深度学习案例

7.1 支持向量机

支持向量机（SVM）：SVM 的全称是 support vector machine，主要用于解决模式识别领域中的数据分类问题，属于有监督学习算法的一种。SVM 要解决的问题可以用一个经典的二分类问题加以描述。线性二分类 SVM 主要是试图寻找一个超平面将空间中的点集分开，并且通过 SVM 算法得到的是使得该超平面两侧的点到该超平面的最小距离最小的超平面，这些与超平面的距离最小的点的坐标就被称为“支持向量”。

SVM 的详细推导过程在这里就不赘述了，我们来看一个应用的例子。

案例 7.1　SVM 预测上证指数的涨跌

模型的主要部分是调用 Python 中的 sklearn 包。我们从网易财经上获取了 2020 年的上证指数，想利用前 150 天的历史数据，来预测后一天的上证指数的涨跌。

```
#用来加载CSV数据的工具包
import pandas as pd
#：支持高级大量的维度数组与矩阵运算，此外也针对数组运算提供大量的数学函数库
import numpy as np
#sklearn下svm：SVM算法
from sklearn import svm
# sklearn下cross_validation：交叉验证
from sklearn import model_selection
#parse_dates=第0列解析为日期， index_col= 用作行索引的列编号）
```

```
data =pd.read_csv('000777.csv',encoding='gbk',parse_dates=[0],index_col=0)
#DataFrame.sort_index(axis=0 (按0列排), ascending=True (升序),
#inplace=False (排序后是否覆盖原数据)) data 按照时间升序排列
data.sort_index(0,ascending=True,inplace=True)

#选取5列数据作为特征：收盘价 最高价 最低价 开盘价 成交量
#dayfeature：选取150天的数据
#featurenum：选取的5个特征*天数
#x：记录150天的5个特征值 y：记录涨或者跌
dayfeature=150
featurenum =5*dayfeature
#data.shape[0]-dayfeature的意思是因为我们要用150天数据做训练，
# 对于条目为200条的数据，只有50条数据是由前150天的数据来训练的，
# 所以测试集的大小就是200-150，每一条数据的特征是前150天的所有特征数据，
# 即150*5， +1是将当天的开盘价引入作为一条特征数据
x=np.zeros((data.shape[0]-dayfeature,featurenum+1))

y=np.zeros((data.shape[0]-dayfeature))

for i in range(0,data.shape[0]-dayfeature):
    #/将数据中的“收盘价”“最高价”“开盘价”“成交量”存入x数组中
    #u:unicode编码 reshape:转换成1行，featurenum列
    x[i,0:featurenum]=np.array(data[i:i+dayfeature]\
                                    [[u'收盘价',u'最高价',
    u'最低价',u'开盘价',u'成交量']]).reshape((1,featurenum))
    x[i,featurenum]=data.ix[i+dayfeature][u'开盘价']
    #最后一列记录当日的开盘价                ix :索引
for i in range(0,data.shape[0]-dayfeature):
    if data.ix[i+dayfeature][u'收盘价']>=data.ix[i+dayfeature][u'
开盘价']:
        y[i]=1
    else:
        y[i]=0
        #如果当天收盘价高于开盘价，y[i]=1代表涨，0代表跌
#创建SVM并进行交叉验证
```

```
clf =svm.SVC(kernel='rbf')
#调用svm函数，并设置kernel参数，默认是rbf，其他：'linear''poly''sigmoid'
result =[]
for i in range(5):
    #x和y的验证集和测试集，切分80 - 20 % 的测试集
    x_train,x_test,y_train,y_test =\
        model_selection.train_test_split(x,y,test_size=0.2)
    #训练数据进行训练
    clf.fit(x_train,y_train)
    #将预测数据和测试集的验证数据比对
    result.append(np.mean(y_test ==clf.predict(x_test)))
print("svm classifier accuacy:")
print(result)
```

这里我们采取的是上证指数每一天的开盘价、最高价、最低价、收盘价以及成交量五个数据。程序运行结果：

```
svm classifier accuacy:
[0.5635179153094463,0.5754614549402823,0.5266015200868621,
0.5450597176981542, 0.5407166123778502]
```

这里准确率 result 数组有五个元素，这是因为采用了五次交叉验证方法，得到了五个预测准确率。

7.2 决 策 树

决策树是一类常见的监督学习算法，在已知各种情况发生概率的基础上，通过构建决策树来求取净现值的期望值大于等于零的概率，评价项目风险，判断其可行性的决策分析方法，它代表的是对象属性与对象值之间的一种映射关系。树中每个节点表示某个对象，而每个分叉路径则代表的某个可能的属性值，而每个叶节点则对应从根节点到该叶节点经历的路径所表示的对象的值。决策树仅有单一输出，若欲有复数输出，可以建立独立的决策树以处理不同输出。

案例 7.2　决策树方法预测股价涨跌

使用 Python 中的 sklearn 包进行股价涨跌的预测。我们从 Wind 上获取了浦发银行 2014-07-01 至 2020-07-01 的股价，用前 5 天的数据预测股价的涨跌情况。

```
import pandas as pd
import numpy as np
#sklearn下tree：tree算法
from sklearn import tree
data =pd.read_csv('D:/data/data.csv')
da=np.array(data)
#定义训练集的样本数，取80%的进行训练
trainsize = int(0.8*data.shape[0])
x=np.zeros((data.shape[0],5*(data.shape[1]-1)))
y=np.zeros((data.shape[0]))
y_train=np.zeros((trainsize))
for i in range(0,data.shape[0]-5):
x[i,0:5*(data.shape[1]-1)]=np.array(da[i:i+5,1:5]).reshape((1,5*
(data.shape[1]-1)))
#如果当天收盘价高于开盘价，y[i]=1代表涨，0代表跌
for i in range(0,data.shape[0]):
    if da[i,1]<da[i,4]:
        y[i]=1
    else:
        y[i]=0
x_train=x[0:trainsize,]
for j in range(0,trainsize):
    y_train[j]=y[j+5]
#测试集定义
x_test=x[trainsize:data.shape[0]-5]
y_test=y[trainsize+5:data.shape[0]]
# 训练数据进行训练
clf = tree.DecisionTreeClassifier()
clf = clf.fit(x_train, y_train)
#将预测数据和测试集的验证数据比对
print(np.mean(y_test==clf.predict(x_test)))
```

得到的准确率为 0.5243。

7.3　深度学习框架——TensorFlow

深度学习，如深度神经网络、卷积神经网络和递归神经网络已被应用于计算机视觉、语音识别、自然语言处理、音频识别与生物信息学等领域并获取了极好的效果。如今，深度学习在金融领域的应用也越来越广泛起来。

对许多机器学习问题来说，特征提取不是一件简单的事情。在一些复杂问题上，通过人工的方式设计有效的特征集合需要大量时间和精力，有时甚至需要整个领域数十年的研究投入。

深度学习解决的核心问题之一就是自动地将简单的特征组合成更加复杂的特征，并使用这些组合特征解决问题。深度学习是机器学习的一个分支，它除了可以学习特征和任务之间的关联以外，还能自动从简单特征中提取更加复杂的特征。深度学习可以一层一层地将简单特征逐步转化成更加复杂的特征，从而使得不同类别的图像更加可分。

TensorFlow 作为谷歌支持的深度学习的底层框架，它有以下特点：

1. 真正的可移植性

引入各种计算设备的支持包括 CPU/GPU/TPU，以及能够很好地运行在移动端，如安卓设备、IOS、树莓派等。

2. 多语言支持

TensorFlow 有一个合理的 C++使用界面，也有一个易用的 Python 使用界面来构建和执行你的 graphs，你可以直接写 Python/C++程序

3. 高度的灵活性与效率

TensorFlow 是一个采用数据流图（data flow graphs），用于数值计算的开源软件库，能够灵活进行组装图，执行图。随着开发的进展，TensorFlow 的效率不断在提高。

4. TensorFlow 由谷歌提供支持

谷歌投入了大量精力开发 TensorFlow，它希望 TensorFlow 成为机器学习研

究人员和开发人员的通用语言。

TensorFlow 采用数据流图（data flow graphs），节点（nodes）在图中表示数学操作，图中的线（edges）则表示在节点间相互联系的多维数据数组，即张量（tensor）。

由于 TensorFlow 创建和发展的时间较长，现在人们已经很少直接基于 TensorFlow 开发了，而是基于 Keras 进行开发。

案例 7.3　TensorFlow 做线性回归

举一个简单的线性回归的例子来展示用 TensorFlow 是如何工作的。

步骤：

1. 准备好数据集：$y = 0.8x + 0.7$ ，随机模拟 100 个样本。

2. 建立线性模型：模型：$y = W \cdot X + b$，目标：求出权重 W 和偏置 b，随机初始化 W_1 和 b_1。

3. 确定损失函数（预测值与真实值之间的误差）：均方误差。

4. 梯度下降优化损失：需要指定学习率（超参数）。

具体代码如下：

```
import tensorflow as tf
import os

def linear_regression():

    # 1）准备好数据集：y = 0.8x + 0.7，100个样本
    # 特征值X，目标值y_true
    X = tf.random_normal(shape=(100, 1), mean=2, stddev=2)
    # y_true [100, 1]
    # 矩阵运算 X(100，1)* (1, 1)= y_true(100, 1)
    y_true = tf.matmul(X, [[0.8]]) + 0.7
    # 2）建立线性模型：
    # y = W·X + b，目标：求出权重W和偏置b
    # 3）随机初始化W1和b1
    weights = tf.Variable(initial_value=tf.random_normal(shape=(1, 1)))
    bias = tf.Variable(initial_value=tf.random_normal(shape=(1, 1)))
    y_predict = tf.matmul(X, weights) + bias
```

```
        # 4) 确定损失函数（预测值与真实值之间的误差）：均方误差
        error = tf.reduce_mean(tf.square(y_predict - y_true))
        # 5) 梯度下降优化损失：需要指定学习率（超参数）
        # W2 = W1 - 学习率*(方向)
        # b2 = b1 - 学习率*(方向)
        optimizer = tf.train.GradientDescentOptimizer(learning_rate= 0.01).
minimize(error)
        # 初始化变量
        init = tf.global_variables_initializer()
        # 开启会话进行训练
        with tf.Session() as sess:
            # 运行初始化变量Op
            sess.run(init)
            print("随机初始化的权重为%f， 偏置为%f" % (weights.eval(),
bias.eval()))
            # 训练模型
            for i in range(100):
                sess.run(optimizer)
                print("第%d步的误差为%f，权重为%f， 偏置为%f" % (i,
error.eval(), weights.eval(), bias.eval()))

        return None
```

7.4　深度学习框架——Keras

7.4.1　卷积神经网络

卷积神经网络（CNN）是一种专门用来处理具有类似网格结构的数据的神经网络。例如时间序列数据（可以认为是在时间轴上有规律地采样形成的一维网格）和图像数据（可以看作是二维的像素网格）。卷积是一种特殊的线性运算，卷积网络是指那些至少在网络的一层中使用卷积运算来替代一般的矩阵乘法运算的神经网络。下图演示了一个在 2 维张量上的卷积运算（没有对核进行翻转）的例子。

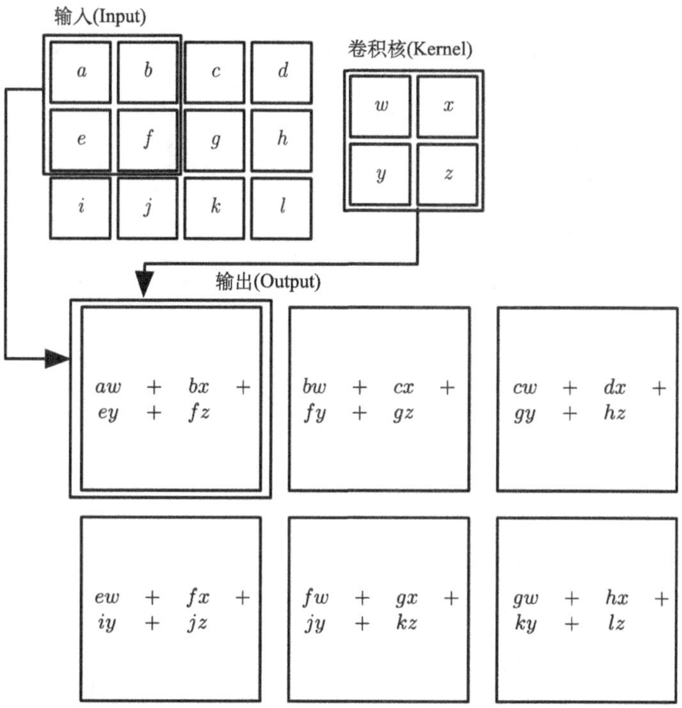

图 7.1　2 维张量上的卷积运算

值得一提的是，在利用卷积神经网络处理金融数据处理时，我们一般不引入池化的操作。

案例 7.4　CNN 方法实现股价预测

这里我们选取了浦发银行 2005-08-09 至 2019-04-29 的开盘价、最高价、最低价、收盘价、成交量、成交额、换手率 7 项指标，利用前 15 天的数据预测当天的开盘价。需要注意的是，由于不同指标量级不同，我们需要进行标准化，同时在训练之前打乱训练集的顺序，提高模型的泛化性。

具体代码如下：

```
import numpy as np
import pandas as pd
from keras.models import Sequential
from keras.layers import Dense, Activation,  Flatten, Conv2D
from matplotlib import pyplot
```

```
callbacks_list=[
        keras.callbacks.ReduceLROnPlateau(
                monitor='val_loss',
                factor=0.1,
                patience=10
                )
        ]

    data =pd.read_csv('D:/data/data.csv')
data.columns = ['open','high','low','close','volume','amt','turn']
#vol:成交量 amt: 成交额  turn: 换手率
#分成训练集和测试集
trainsize=int(0.8*data.shape[0])

#数据切片
def slice(df,num):
#df: 数据集  num: 每层的数量
   X=np.zeros(shape=(len(df)-num-1,num,df.shape[1]))
   Y=np.zeros(shape=(len(df)-num-1,df.shape[1]))
   for i in range(len(df)-num-1):
       X[i]=df.iloc[i:i+num]
       Y[i]=df.iloc[i+num]
   return X,Y
num=15
X,Yslice=slice(data,num)

#标准化
data1=np.array(data)
for i in range(len(data)):
    for j in range(data.shape[1]):
   data.iloc[i,j]=(data1[i,j]-np.average(data1[:,j]))/np.std(data1[:,j])
Xslice,Y=slice(data,num)
Xtrain=Xslice[0:trainsize]

#随机打乱并分离验证集
```

```
    Ytrain=Yslice[0:trainsize]
        index=np.arange(trainsize)
    np.random.shuffle(index)
    xtrain=Xtrain[index]
    xtrain=np.reshape(xtrain,(trainsize,num,7,1))
    ytrain=Ytrain[index,0]
    xtest=Xslice[trainsize:len(Xslice)]
    xtest=np.reshape(xtest,(len(Xslice)-trainsize,num,7,1))
    ytest=Yslice[trainsize:len(Yslice),0]

    #CNN搭建
    model_CNN=Sequential()
    model_CNN.add(Conv2D(32, (3,3), activation="relu", input_shape=
(num,7,1)))
    model_CNN.add(Flatten())
    model_CNN.add(Dense(1,activation='relu'))
    model_CNN.summary()
    model_CNN.compile(optimizer='sgd',loss='mae')

    #训练
    history=model_CNN.fit(xtrain,ytrain,epochs=50,batch_size=128,cal
lbacks=callbacks_list,validation_data=(xtest,ytest),verbose=2)

    #损失值
    pyplot.figure()
    pyplot.plot(history.history['loss'], label='train')
    pyplot.plot(history.history['val_loss'], label='validation')
    pyplot.legend()

    #在验证集上的预测
    y_pred = model_CNN.predict(xtest)
    pyplot.figure()
    pyplot.plot(ytest ,label='验证')
    pyplot.plot(y_pred[:,0], label='预测')
    pyplot.legend()
```

```
pyplot.show()
```

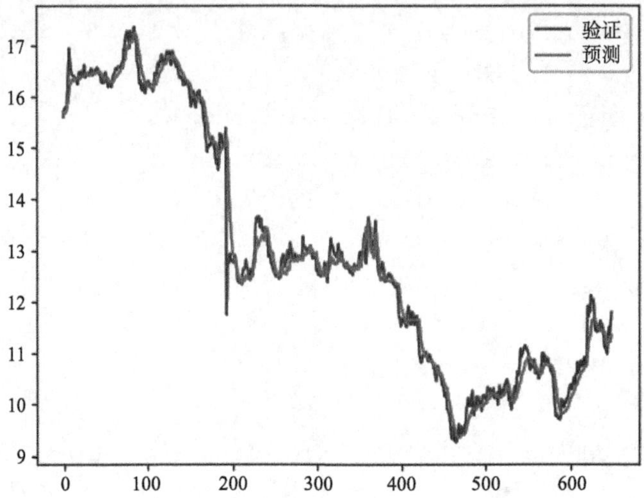

图 7.2　在验证集上的预测情况

7.4.2　长短期时间记忆（LSTM）

长短期时间记忆（LSTM）是循环神经网络（RNN）中的一种，而 LSTM 规避了标准 RNN 中梯度爆炸和梯度消失的问题，所以会显得更好用，学习速度更快。

LSTM 效果如图 7.3，一个一个首尾相接，同一层的会把前面单元的输出作为后面单元的输入；前一层的输出会作为后一层的输入。每个细胞单元由遗忘门、更新门、输出门等结构组成。如同 CNN 较适合处理图片数据一样，RNN 的特点就是适合处理时间序列的数据，因此在金融数据处理上有天生的优势。

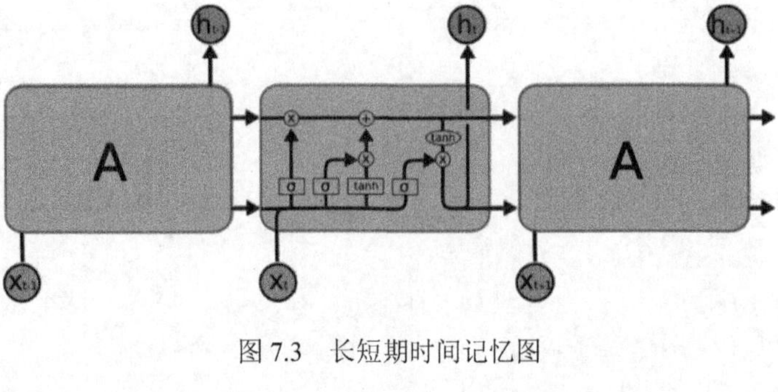

图 7.3　长短期时间记忆图

案例 7.5　利用 Keras 库里的 LSTM 层实现股票涨跌幅的预测

具体代码如下：

```
from pandas import Series
from numpy import floor
from numpy import zeros
from matplotlib import pyplot
from pandas import read_csv
from keras.models import Sequential
from keras.layers import LSTM, Dense
from keras.optimizers import Adam

#超参数的设置
data_dim = 7
timesteps = 5
split_rate = 0.8
return_threshold = 0.01
learning_rate = 0.001

#数据预处理
data = read_csv(r'D:\program\tdx\T0002\export\SZ#000627.csv', header
= None,index_col=0,encoding='ANSI') #读入数据
data.columns = ['open','high','low','close','volume','turn']
#data['volume'].replace(0,data['volume'].mean(),inplace=True) #处
理零值
data['close_roll'] = data['close'].shift(1)
data['rate'] = (data['close']-data['close_roll'])/data['close_roll']
#计算日收益率
#data['UpOrDown'] = 1*(data['rate']>return_threshold)+(-1)*(data
['rate']<-return_threshold) #贴标签
data.drop(['close_roll'],axis=1,inplace=True)
data.dropna(inplace=True)
data.drop([data.iloc[-1].name],inplace=True)
data.iloc[:,:-1] = ((data-data.mean())/data.std()).iloc[:,:-1]#标
准化
```

```
    #调整为训练LSTM所需的数据类型
    values = data.values
    num_sample = values.shape[0]-timesteps
    X = zeros((num_sample,timesteps,data_dim))
    for i in range(num_sample):
        X[i] = values[i:i+timesteps]
    y = values[timesteps:,-1]
    #数据分为训练集与验证集
    num_train = int(floor(num_sample*split_rate))
    train_X, train_y = X[:num_train],y[:num_train]
    test_X, test_y = X[num_train:],y[num_train:]

    #搭建网络
    model = Sequential()
    model.add(LSTM(64, return_sequences=True, input_shape=(timesteps,
data_dim), dropout=0.1))
    model.add(LSTM(64, dropout=0.1))

    model.add(Dense(1,activation='sigmoid'))
    model.summary()
    model.compile(loss='mae',
                optimizer='rmsprop')
    #训练
    history = model.fit(train_X, train_y, epochs=100, batch_size=100,
validation_data=(test_X, test_y), verbose=2, shuffle=True)
    # plot history
    pyplot.plot(history.history['loss'], label='train')
    pyplot.plot(history.history['val_loss'], label='test')
    pyplot.legend()
    pyplot.show()

    # make a prediction
    y_pred = model.predict(test_X)
```

第8章　综合案例

8.1　期权定价综合应用场景

案例8.1　计算上证50ETF期权价格

假定当前时间为2020年7月20日，案例8.1-8.4均是基于2020年8月26日到期的上证50ETF期权。2020年7月20日，标的资产现价为3.318，行权价为3.00，到期时间为28个交易日约为0.112年，数据显示上证50ETF波动率为0.3038，一年期国债收益率为2.48%。

```
#定义函数
from math import log, sqrt, exp
from scipy.stats import norm
spot = 3.318
strike = 3.00
maturity = 0.112
r = 0.0248
vol = 0.3038
def call_option_pricer(spot, strike, maturity, r, vol):
    d1 = (log(spot/strike) + (r + 0.5 * vol *vol) * maturity) / (vol * sqrt(maturity))
    d2 = d1 - vol * sqrt(maturity)
    price = spot * norm.cdf(d1) - strike * exp(-r*maturity) * norm.cdf(d2)
    return price
def put_option_pricer(spot, strike, maturity, r, vol):
    d1 = (log(spot/strike) + (r + 0.5 * vol *vol) * maturity) / (vol * sqrt(maturity))
    d2 = d1 - vol * sqrt(maturity)
```

```
    price = -spot * norm.cdf(-d1) + strike * exp(-r*maturity) *
norm.cdf(-d2)
    return price
#打印输出
print("看涨期权价格{0}元，看跌期权价格{1}元".format (call_option_
pricer(spot, strike, maturity, r, vol),put_option_pricer (spot, strike,
maturity, r, vol)))
#输出结果
```

看涨期权价格 0.3520729227283006 元，看跌期权价格 0.025751684613698755 元。

案例 8.2　批量期权价格计算

```
import numpy as np
from scipy.stats import norm
import matplotlib.pyplot as plt
plt.rcParams['font.sans-serif']=['SimHei']
plt.rcParams['axes.unicode_minus'] = False
spot = 3.318
strike = 3.00
maturity = np.linspace(0,1,1000)
r = 0.0248
vol = 0.3038
# 使用numpy的向量函数重写Black-Scholes公式
def call_option_pricer_nunmpy(spot, strike, maturity, r, vol):
    d1 = (np.log(spot/strike) + (r + 0.5 * vol *vol) * maturity) /
(vol * np.sqrt(maturity))
    d2 = d1 - vol * np.sqrt(maturity)
    price = spot * norm.cdf(d1) - strike * np.exp(-r*maturity) *
norm.cdf(d2)
    return price
def put_option_pricer_nunmpy(spot, strike, maturity, r, vol):
    d1 = (np.log(spot/strike) + (r + 0.5 * vol *vol) * maturity) /
(vol * np.sqrt(maturity))
    d2 = d1 - vol * np.sqrt(maturity)
```

```
        price = -spot * norm.cdf(-d1) + strike * np.exp(-r*maturity) *
norm.cdf(-d2)
        return price
    a = call_option_pricer_nunmpy(spot, strike, maturity, r, vol)
    b = put_option_pricer_nunmpy(spot, strike, maturity, r, vol)
    option = np.vstack((a,b))
    lab = np.array(['看涨期权','看跌期权'])
    #批量期权计算结果图示
    for i in np.arange(option.shape[0]):
        plt.plot(maturity,option[i,:],label= lab[i])
    plt.legend(loc='upper right')
    plt.xlabel('时间/年')
    plt.ylabel('价格/元')
    plt.title('期权价格')
    plt.show()
```

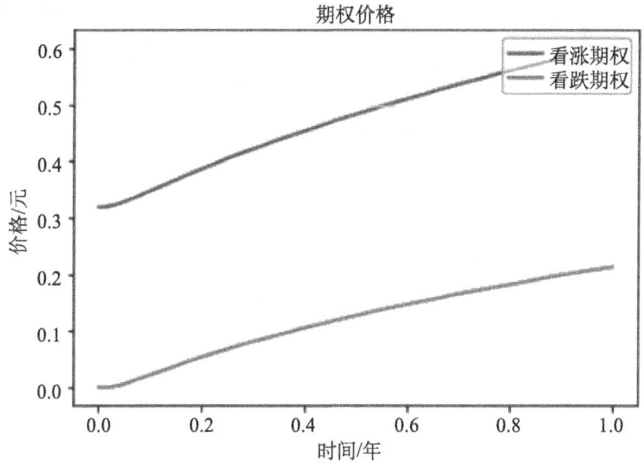

图 8.1 批量期权价格计算

案例 8.3 蒙特卡罗法计算无股息股票欧式期权价格

```
    import numpy as np
    import scipy as sy
    spot = 3.318
    strike = 3.00
```

```
    maturity = 0.112
    r = 0.0248
    vol = 0.3038
    # 期权计算的蒙特卡罗方法
    def call_option_pricer_monte_carlo(spot, strike, maturity, r, vol,
N = 5000):
        randomSeries = sy.random.randn(N) #N个正态分布随机数
        s_t = spot * np.e**((r - 0.5 * vol * vol) * maturity + randomSeries
* vol * np.sqrt(maturity))
        sumValue = np.maximum(s_t - strike, 0.0).sum()
        price = np.e**(-r*maturity) * sumValue / N
        return price
    def put_option_pricer_monte_carlo(spot, strike, maturity, r, vol,
N = 5000):
        randomSeries = sy.random.randn(N)
        s_t = spot * np.e**((r - 0.5 * vol * vol) * maturity + randomSeries
* vol * np.sqrt(maturity))
        sumValue = np.maximum(strike - s_t, 0.0).sum()
        price = np.e**(-r*maturity) * sumValue / N
        return price
    #默认5000次模拟计算
    c = call_option_pricer_monte_carlo(spot, strike, maturity, r, vol,
N = 5000)
    p = put_option_pricer_monte_carlo(spot, strike, maturity, r, vol,
N = 5000)
    #打印输出结果
    print('5000 次随机模拟计算得看涨期权价格{0}元，看跌期权价格{1}元
'.format(c,p))
```

5000 次随机模拟计算得看涨期权价格 0.35875777836868344 元，看跌期权价格 0.025779112630626246 元。

案例 8.4　BSM 模型与二叉树欧式/美式期权定价

```
    import math
    import numpy as np
```

```
import matplotlib as mpl
import matplotlib.pyplot as plt
from scipy.integrate import quad
mpl.rcParams['font.family'] = 'serif'
#BSM模型定价
def dN(x):
    return math.exp(-0.5 * x ** 2) / math.sqrt(2 * math.pi)
def N(d):
    return quad(lambda x: dN(x), -20, d, limit=50)[0]
def d1f(St, K, t, T, r, sigma):
    d1 = (math.log(St / K) + (r + 0.5 * sigma ** 2)
          * (T - t)) / (sigma * math.sqrt(T - t))
    return d1
# 定价公式，sigma为波动率
def BSM_call_value(St, K, t, T, r, sigma):
    d1 = d1f(St, K, t, T, r, sigma)
    d2 = d1 - sigma * math.sqrt(T - t)
    call_value = St * N(d1) - math.exp(-r * (T - t)) * K * N(d2)
    return call_value
def BSM_put_value(St, K, t, T, r, sigma):
    put_value = BSM_call_value(St, K, t, T, r, sigma) \
        - St + math.exp(-r * (T - t)) * K
    return put_value
 #二叉树CRR欧式期权
def CRR_european_option_value(S0, K, T, r, sigma, otype, M=4):
    # 生成二叉树
    dt = T / M  # length of time interval
    df = math.exp(-r * dt)  # discount per interval
    # 计算u、d、p
    u = math.exp(sigma * math.sqrt(dt))  # up movement
    d = 1 / u  # down movement
    q = (math.exp(r * dt) - d) / (u - d)  # martingale branch
probability
    # 初始化幂矩阵
    mu = np.arange(M + 1)
```

```
        mu = np.resize(mu, (M + 1, M + 1))
        md = np.transpose(mu)
        mu = u ** (mu - md)
        md = d ** md
        #得到各节点的股票价格
        S = S0 * mu * md
        # 得到叶子节点的期权价值
        if otype == 'call':
            V = np.maximum(S - K, 0)  # inner values for European call
option
        else:
            V = np.maximum(K - S, 0)  # inner values for European put option
        #逐步向前加权平均并折现，得到期初期权价值
        for z in range(0, M):  # backwards iteration
            #逐列更新期权价值，相当于二叉树中的逐层向前折算
            V[0:M - z, M - z - 1] = (q * V[0:M - z, M - z] +
                            (1 - q) * V[1:M - z + 1, M - z]) * df
        return V[0, 0]
    # 二叉树CRR美式期权
    def CRR_american_option_value(S0, K, T, r, sigma, otype, M=4):
        # 生成二叉树
        dt = T / M  # length of time interval
        df = math.exp(-r * dt)  # discount per interval
        inf = math.exp(r * dt)  # discount per interval
        # 计算u,d,p
        u = math.exp(sigma * math.sqrt(dt))  # up movement
        d = 1 / u  # down movement
        q = (math.exp(r * dt) - d) / (u - d)  # martingale branch
probability
        # 初始化幂矩阵
        mu = np.arange(M + 1)
        mu = np.resize(mu, (M + 1, M + 1))
        md = np.transpose(mu)
        # 计算个节点单向变动时的股票价格
        mus = u ** (mu - md)
```

```
        mds = d ** md
        # 得到各节点的股票价格
        S = S0 * mus * mds
        # 计算每个节点股票的预期价格
        mes = S0 * inf ** mu
        # 得到叶子节点的期权价值
        if otype == 'call':
            V = np.maximum(S - K, 0)
            #计算每个节点提前行权的收益
            oreturn = mes - K
        else:
            V = np.maximum(K - S, 0)
            #计算每个节点提前行权的收益
            oreturn = K - mes
        # 逐步向前加权平均折现和提前行权的收益比较，得到期初期权价值
        for z in range(0, M):  # backwards iteration
            #计算后期折现的后期价格
            ovalue = (q * V[0:M - z, M - z] +
                              (1 - q) * V[1:M - z + 1, M - z]) * df
            #逐列更新期权价值，相当于二叉树中的逐层向前折算
            #期权价格取后期折现和提前行权获得收益的最大值
            V[0:M - z, M - z - 1] = np.maximum(ovalue, oreturn[0:M - z,
M - z - 1])
        return V[0, 0]
    # 输入参数
    S0 =3.318
    K = 3.00
    T = 0.112
    r = 0.0248
    sigma = 0.3038
    mmin=2
    mmax=200
    step_size=1
    #输出结果
    print(CRR_american_option_value(S0, K, T, r, sigma, 'call', 100))
```

```
    print(CRR_european_option_value(S0, K, T, r, sigma, 'call', 100))
    #结果
    0.4604159018402274
    0.35189345595648824
    BSM_benchmark = BSM_call_value(S0, K, 0, T, r, sigma)
    m = range(mmin, mmax, step_size)
    CRR_values = [CRR_european_option_value(S0, K, T, r, sigma, 'call',
M) for M in m]
    plt.figure(figsize=(9, 5))
    plt.plot(m, CRR_values, label='CRR')
    plt.axhline(BSM_benchmark, color='r', ls='dashed', lw=1.5,
             label='BSM')
    plt.xlabel('Steps')
    plt.ylabel('European call option value')
    plt.legend(loc=4)
    plt.xlim(0, mmax)
    plt.show()
```

案例 8.5　欧式期权定价案例

假定当前时间为 2020 年 8 月 23 日，2020 年 12 月 23 日到期的上证 50ETF 期权标的资产现价为 3.336，行权价为 2.900，到期时间为 82 个交易日，123 个自然日，约为 0.337 年，1 年期国债收益率率为 0.0214，年化波动率为 0.2732。利用蒙特卡罗模拟的方法求出欧式期权价格。

```
    import numpy as np
    import scipy as sy
    spot = 3.336
    strike = 2.9
    maturity = 0.337
    r = 0.0214
    vol = 0.2732
    # 期权计算的蒙特卡罗方法
    def call_option_pricer_monte_carlo(spot, strike, maturity, r, vol,
N = 5000):
        randomSeries = sy.random.randn(N) #N个正态分布随机数
```

```
    s_t = spot * np.e**((r - 0.5 * vol * vol) * maturity + randomSeries
* vol * np.sqrt(maturity))
    sumValue = np.maximum(s_t - strike, 0.0).sum()
    price = np.e**(-r*maturity) * sumValue / N
    return price
def put_option_pricer_monte_carlo(spot, strike, maturity, r, vol,
N = 5000):
    randomSeries = sy.random.randn(N)
    s_t = spot * np.e**((r - 0.5 * vol * vol) * maturity + randomSeries
* vol * np.sqrt(maturity))
    sumValue = np.maximum(strike - s_t, 0.0).sum()
    price = np.e**(-r*maturity) * sumValue / N
    return price
#默认5000次模拟计算
c = call_option_pricer_monte_carlo(spot, strike, maturity, r, vol,
N = 5000)
p = put_option_pricer_monte_carlo(spot, strike, maturity, r, vol,
N = 5000)
```

案例 8.6　零息债券美式期权定价案例

假定当前时间为 2020 年 7 月 20 日，2020 年 9 月 23 日到期的上证 50ETF 期权标的资产现价为 3.328，行权价为 3.200，到期时间为 48 个交易日，约为 0.192 年，1 年期国债收益率为 0.0248，年化波动率为 0.2541。现求出当前时间的美式期权看涨、看跌价格。

在这个例子中，我们把时间切分成 20 份，那么在最后一次，一共有 21 个分支价格，得到 21 个数据点；然后分别和 K 进行比较，得到每个点的 call/put 价格。

```
import numpy as np
S0 = 3.328
K = 3.200
T = 0.192
r = 0.0248
sig = 0.2541
payoff = "put"
```

```
    def getAmeOption(S0, K, T, r, sig, N, payoff):
        # 将时间T拆分为N份，每份是dT
        dT = float(T)/N
        #计算u,d,p,q
        u = np.exp(sig * np.sqrt(dT))
        d = 1.0 / u
        a = np.exp(r * dT)
        p = (a - d)/(u - d)
        q = 1.0 - p
        # V承接N+1个价格
        V = np.zeros(N+1)
        # 注意S_T的生成顺序，从u=0,d=N开始
        S_T = np.array( [(S0 * u**j * d**(N - j)) for j in range(N + 1)] )
# price S_T at time T
        if payoff =="call":
            V[:] = np.maximum(S_T-K, 0.0)
        elif payoff =="put":
            V[:] = np.maximum(K-S_T, 0.0)
        for i in range(N-1, -1, -1):
            # V在第k轮迭代中，只关注0～N-k的位置，
            # 每个位置=（下一个位置上升的期权*p+下一个位置下降的期权*q）*折现因子
            V[:-1] = np.exp(-r*dT) * (p * V[1:] + q * V[:-1])
            # 股价也进行新一轮的迭代，同样只有0～N-k是需要关注的，剩下的位置无关紧要
            S_T = S_T * u
            # 比较此刻行权和下一轮预期收益的折现
            if payoff=="call":
                V = np.maximum( V, S_T-K )
            elif payoff=="put":
                V = np.maximum( V, K-S_T )
        return V[0]
    #得出结果
    getAmeOption(S0, K, T, r, sig, 10000, 'put')
    getAmeOption(S0, K, T, r, sig, 10000, 'call')
    0.08464934709617711
    0.2272949893453858
```

```
put价格为0.08464934709617711，call价格为0.2272949893453858
```

（1）蒙特卡罗模拟利率

```
import math
import numpy as np
import matplotlib.pyplot as plt
import matplotlib as mpl
#蒙特卡罗方法产生模拟路径
def CIR_generate_paths(x0, kappa, theta, sigma, T, M, I, x_disc=
'exact'):
    dt = T / M
    x = np.zeros((M + 1, I), dtype=np.float)
    x[0] = x0
    xh = np.zeros_like(x)
    xh[0] = x0
    ran = np.random.standard_normal((M + 1, I))
    #高精度模拟
    if x_disc is 'exact':
        d = 4 * kappa * theta / sigma ** 2 #自由度
        c = (sigma ** 2 * (1 - math.exp(-kappa * dt))) / (4 * kappa)
#公式1中卡方随机变量前的系数
        if d > 1:
            for t in range(1, M + 1):
                l = x[t - 1] * math.exp(-kappa * dt) / c
                chi = np.random.chisquare(d - 1, I) #计算卡方随机变量
                x[t] = c * ((ran[t] + np.sqrt(l)) ** 2 + chi)
        else:
            for t in range(1, M + 1):
                l = x[t - 1] * math.exp(-kappa * dt) / c
                N = np.random.poisson(l / 2, I)
                chi = np.random.chisquare(d + 2 * N, I) #计算卡方随机变量
                x[t] = c * chi
    #低精度模拟
```

```
    else:
        for t in range(1, M + 1):
            xh[t] = (xh[t - 1]+kappa * (theta - np.maximum(0, xh[t - 1])) *
                     dt + np.sqrt(np.maximum(0, xh[t - 1])) *
                     sigma * ran[t] * math.sqrt(dt)) #公式2
            x[t] = np.maximum(0, xh[t]) #公式3
    return x
#绘制前100条利率路径
def plot_paths():
    plt.figure(figsize=(9, 5))
    plt.plot(range(len(r)), r[:, :100])
    plt.xlabel('时间步长')
    plt.ylabel('短期利率')
    plt.show()
r0, kappa_r, theta_r, sigma_r = [0.01, 0.1, 0.03, 0.2]
T = 2.0
M = 50
dt = T / M
I = 50000
r = CIR_generate_paths(r0, kappa_r, theta_r, sigma_r, T, M, I)
plot_paths()
```

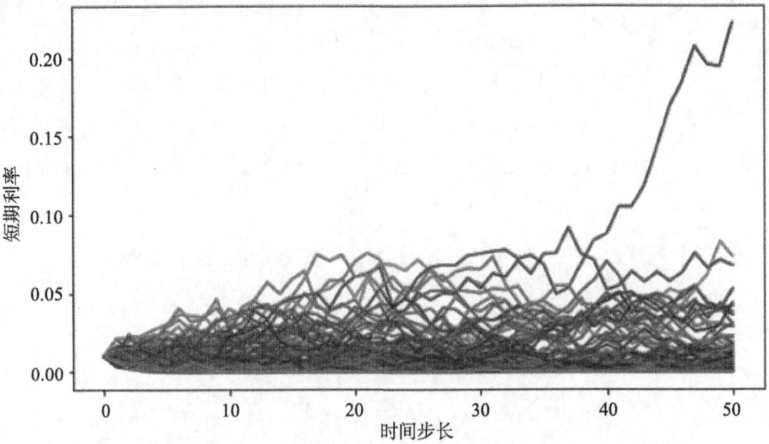

图 8.2　蒙特卡罗方法模拟利率

（2）定价并比较

```
#根据路径进行定价
def zcb_estimator(M=50, x_disc='exact'):
    dt = T / M
    #模拟路径
    r = CIR_generate_paths(r0, kappa_r, theta_r, sigma_r, T, M, I,
x_disc)
    zcb = np.zeros((M + 1, I), dtype=np.float)
    zcb[-1] = 1.0 # final value
    #逐步折现
    for t in range(M, 0, -1):
        zcb[t - 1] = zcb[t] * np.exp(-(r[t] + r[t - 1]) / 2 * dt)
    #取均值作为债券价格
return np.sum(zcb, axis=1) / I
#根据路径进行定价
def zcb_estimator(M=50, x_disc='exact'):
    dt = T / M
    #模拟路径
    r = CIR_generate_paths(r0, kappa_r, theta_r, sigma_r, T, M, I, x_disc)
    zcb = np.zeros((M + 1, I), dtype=np.float)
    zcb[-1] = 1.0 # final value
    #逐步折现
    for t in range(M, 0, -1):
        zcb[t - 1] = zcb[t] * np.exp(-(r[t] + r[t - 1]) / 2 * dt)
    #取均值作为债券价格
    return np.sum(zcb, axis=1) / I
#使用解析法进行定价
def gamma(kappa_r, sigma_r):
    return np.sqrt(kappa_r ** 2 + 2 * sigma_r ** 2)
def b1(alpha):
    r0, kappa_r, theta_r, sigma_r, t, T = alpha
    g = gamma(kappa_r, sigma_r)
    return (((2 * g * np.exp((kappa_r + g) * (T - t) / 2)) /
            (2 * g + (kappa_r + g) * (np.exp(g * (T - t)) - 1))) **
```

```
            (2 * kappa_r * theta_r / sigma_r ** 2))
def b2(alpha):
    r0, kappa_r, theta_r, sigma_r, t, T = alpha
    g = gamma(kappa_r, sigma_r)
    return ((2 * (np.exp(g * (T - t)) - 1)) /
            (2 * g + (kappa_r + g) * (np.exp(g * (T - t)) - 1)))
def B(alpha):
    b_1 = b1(alpha)
    b_2 = b2(alpha)
    r0, kappa_r, theta_r, sigma_r, t, T = alpha
    # expected value of r_t
    E_rt = theta_r + np.exp(-kappa_r * t) * (r0 - theta_r)
    zcb_value = b_1 * np.exp(-b_2 * E_rt)
    return zcb_value
#通过图形比较两种定价方法
def graphical_comparison(M=50, x_disc='exact'):
    MCS_values = zcb_estimator(M, x_disc)
    CIR_values = []
    dt = T / M
    t_list = np.arange(0.0, T + 0.001, dt)  # dates of interest
    #使用解析法完成模拟路径上个点的定价
    for t in t_list:
        alpha = r0, kappa_r, theta_r, sigma_r, t, T
        CIR_values.append(B(alpha))
        # CIR model values given date list
    fig, ax = plt.subplots(2, sharex=True, figsize=(8, 6))
    ax[0].plot(t_list, MCS_values, 'ro', label='MCS values')
    ax[0].plot(t_list, CIR_values, 'b', label='CIR values')
    ax[0].legend(loc=0)
    ax[0].set_ylim(min(CIR_values) - 0.005, max(CIR_values) + 0.005)
    ax[0].set_ylabel('ZCB values')
    ax[0].set_title('maturity $T=2$')
    ax[1].bar(t_list + 0.025 / 2., MCS_values - CIR_values,
            width=0.025)
    plt.ylabel('difference')
    plt.xlim(min(t_list) - 0.1, max(t_list) + 0.1)
```

```
    plt.xlabel('time $t$')
    plt.tight_layout()
plt.show()
r = CIR_generate_paths(r0, kappa_r, theta_r, sigma_r, T, M, I)
graphical_comparison()
graphical_comparison(x_disc='a')
```

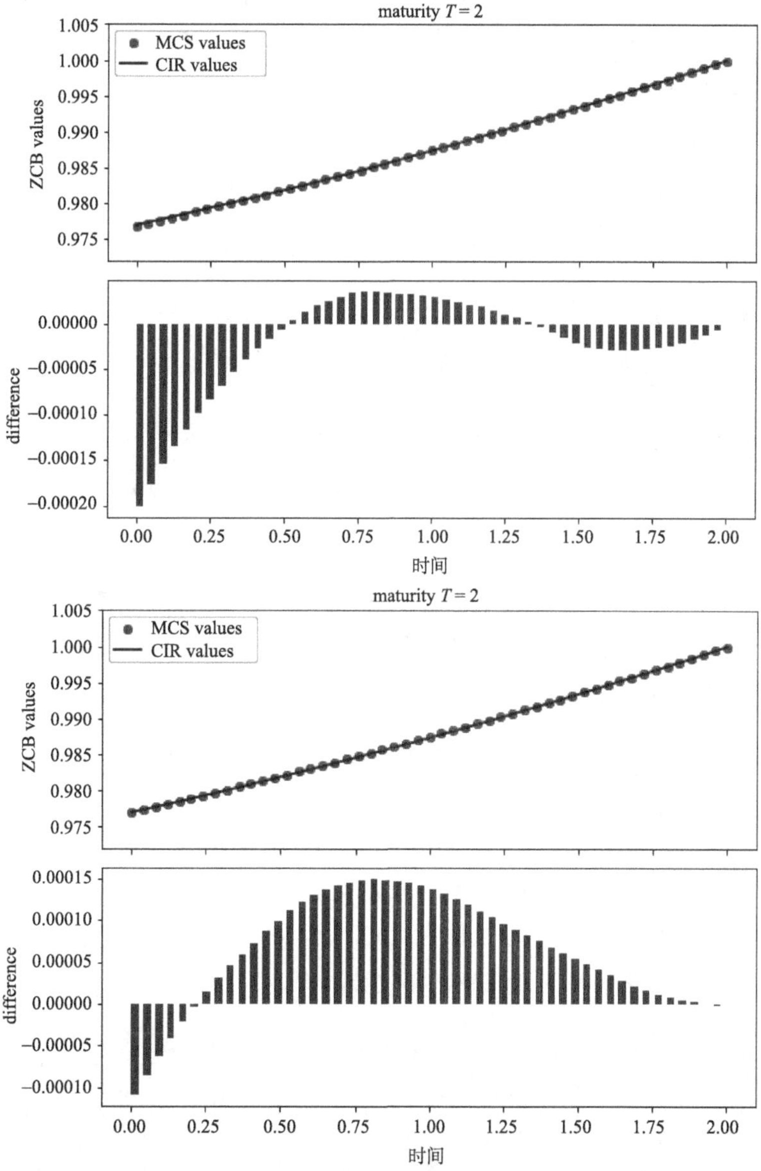

图 8.3 模拟定价并比较

```
#通过误差比较两种定价方法
def diffrence_comparison(M=50, x_disc='exact'):
    MCS_values = zcb_estimator(M, x_disc)
    CIR_values = []
    dt = T / M
    t_list = np.arange(0.0, T + 0.001, dt)  # dates of interest
    #使用解析法完成模拟路径上个点的定价
    for t in t_list:
        alpha = r0, kappa_r, theta_r, sigma_r, t, T
        CIR_values.append(B(alpha))
    return abs((MCS_values - CIR_values)[0])
diff1=[]
diff2=[]
for i in range(0,1000):
    r = CIR_generate_paths(r0, kappa_r, theta_r, sigma_r, T, M, I)
    diff1.append(diffrence_comparison())
    diff2.append(diffrence_comparison(x_disc='a'))
np_diff1=np.array(diff1)
np_diff2=np.array(diff2)
print(np.mean(np_diff1))
print(np.mean(np_diff2))
0.00010869195389391827
0.0002674592939236209
```

可以看出，低精度模拟相比高精度模拟相比，同解析法的差别大出 2 倍多。

案例 8.7　指数期权定价案例

本案例将批量计算期权价格。当前时间为 2020 年 7 月 20 日，当前沪深 300ETF 期权标的资产价格为 4.711，行权价为 4.000，到期时间为 107 个交易日约为 0.428 年，1 年期国债收益率率为 0.0248，年化波动率为 0.2735。

```
import numpy as np
from scipy.stats import norm
import matplotlib.pyplot as plt
plt.rcParams['font.sans-serif']=['SimHei']
```

```
    plt.rcParams['axes.unicode_minus'] = False
    spot = 4.711
    strike = 4.000
    maturity = np.linspace(0,1,1000)
    r = 0.0248
    vol = 0.2735
    # 使用numpy的向量函数重写Black-Scholes公式
    def call_option_pricer_nunmpy(spot, strike, maturity, r, vol):
        d1 = (np.log(spot/strike) + (r + 0.5 * vol *vol) * maturity) /
(vol * np.sqrt(maturity))
        d2 = d1 - vol * np.sqrt(maturity)
        price = spot * norm.cdf(d1) - strike * np.exp(-r*maturity) *
norm.cdf(d2)
        return price
    def put_option_pricer_nunmpy(spot, strike, maturity, r, vol):
        d1 = (np.log(spot/strike) + (r + 0.5 * vol *vol) * maturity) /
(vol * np.sqrt(maturity))
        d2 = d1 - vol * np.sqrt(maturity)
        price = -spot * norm.cdf(-d1) + strike * np.exp(-r*maturity) *
norm.cdf(-d2)
        return price
    a = call_option_pricer_nunmpy(spot, strike, maturity, r, vol)
    b = put_option_pricer_nunmpy(spot, strike, maturity, r, vol)
    option = np.vstack((a,b))
    lab = np.array(['看涨期权','看跌期权'])
    #批量期权计算结果图示
    for i in np.arange(option.shape[0]):
        plt.plot(maturity,option[i,:],label= lab[i])
    plt.legend(loc='upper right')
    plt.xlabel('时间/年')
    plt.ylabel('元')
    plt.title('期权价格')
    plt.show()
```

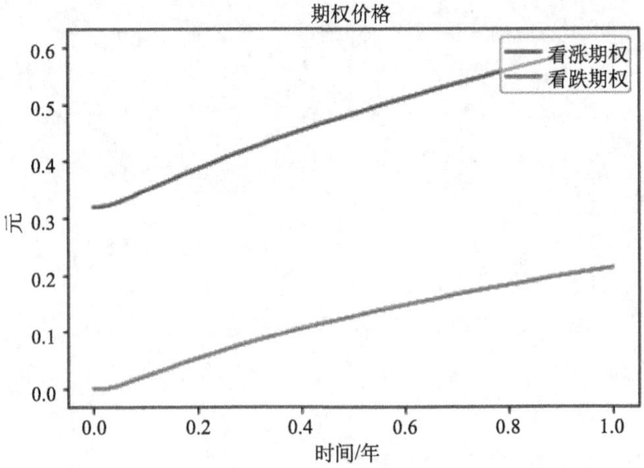

图 8.4　期权价格

案例 8.8　外汇期权定价案例

2020 年 6 月 30 日美元/人民币收盘价为 7.06500，一份 3 个月后到期的外汇期权，执行价为7.00000，到期时间为2020年9月30日，3个月平价波动率为4.25%，无风险收益率为 0.0248。现求出当前时间的美式看涨、看跌期权价格。

```
from math import log, sqrt, exp
from scipy.stats import norm
spot = 7.06500
strike = 7.00000
maturity = 0.25
r = 0.0248
vol = 0.0425
def call_option_pricer(spot, strike, maturity, r, vol):
    d1 = (log(spot/strike) + (r + 0.5 * vol *vol) * maturity) / (vol * sqrt(maturity))
    d2 = d1 - vol * sqrt(maturity)
    price = spot * norm.cdf(d1) - strike * exp(-r*maturity) * norm.cdf(d2)
    return price
def put_option_pricer(spot, strike, maturity, r, vol):
```

```
        d1 = (log(spot/strike) + (r + 0.5 * vol *vol) * maturity) / (vol
* sqrt(maturity))
        d2 = d1 - vol * sqrt(maturity)
        price = -spot * norm.cdf(-d1) + strike * exp(-r*maturity) *
norm.cdf(-d2)
        return price
    #输出结果
    print("看涨期权价格{0}元,看跌期权价格{1}元".format(call_option_pricer
(spot, strike, maturity, r, vol),put_option_pricer(spot, strike,
maturity, r, vol)))
```

看涨期权价格 0.12860396759687998 元，看跌期权价格 0.02033822997798862 元。

8.2 层次风险平价方法应用场景

60 多年前，马科维茨提出了临界线算法（critical line algorithm，CLA），用于解决不等式约束下的二次规划问题，尤其是资产组合优化问题。CLA 的缺点是鲁棒性不高，因为二次规划需要对资产间协方差矩阵取逆，当该矩阵条件数很大时会带来较大误差。

资产组合中相关资产（多重共线性）越多，资产间协方差矩阵的条件数越大，结果越不稳定，这便是马科维茨维数诅咒（Markowitz's curse）。此外资产越多，用于估计协方差矩阵的数据也越多，这些历史久远的数据也会造成误差。

而利用二次规划试图构建全连接图，其中每个节点可能替代其他节点。例如当有 50 支资产时，一个全连接图（图 8.5）有 1225 条边，这种复杂结构造成二次规划结果的不稳定。很自然地，我们会希望减少不必要的边。

依照这种思路，我们可以利用机器学习中的聚类算法，根据资产的特性/资产间相关性将所有资产建构成树状图，如图 8.6 所示。这被称为层次风险平价方法（HRP）。

风险平价方法是构建多样化和均衡投资组合的流行选择。众所周知，大多数资产类别的未来表现很难预测。通过仅使用资产的风险特征和相关矩阵构建投资组合，风险平价方法克服了这一缺点。

图 8.5　50 支资产构建全本接图

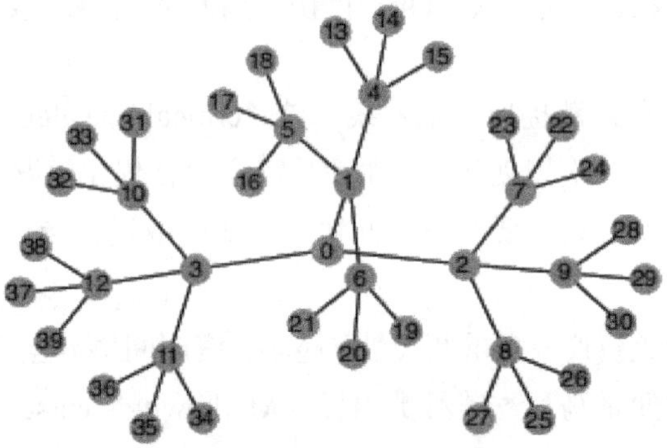

图 8.6　资产相关性树状图

具体的方法是：利用图论和机器学习来构建投资领域的层次结构。这种结构可以更好地将资产/因子划分为具有相似特征的集群，无需依赖经典的相关性分析。

这些投资组合提供了更好的尾部风险管理，特别是对偏度（skewed）资产和风格因子策略：给定一组资产类别和风格因子收益，相应的算法将根据一定的距离度量对这些资产类别和风格因子进行聚类，然后沿着这些聚类分配相等的风险预算。这种集群可能被认为是比聚合风险因子更自然的组成部分，因为它们自动选择依赖结构，并形成有意义的成分，以帮助投资组合的差异化。

分层风险平价策略通常基于两个步骤：首先，分层聚类算法揭示所考虑的投资领域的层次结构，从而得到基于树的表示。其次，通过沿着层次结构应用分配策略得出投资组合权重。

案例 8.9 分层风险平价案例

分层风险平价是一种执行资产配置的方法，不需要反协方差矩阵。它本质上是采用标准的层次聚类算法，计算出一个层次树，然后对不同的聚类进行多样化处理。

我们按如下方式进行：

1. 建立一个人工相关矩阵 C 与几个层次集群；
2. 把 C 转换成协方差矩阵；
3. 从正态分布 N(0, sigma)中抽样时间序列；
4. 对这些时间序列应用分层风险平价。

```
import pandas as pd
import numpy as np
from scipy.linalg import block_diag
from scipy.cluster.hierarchy import linkage
from scipy.spatial.distance import squareform
import matplotlib.pyplot as plt
%matplotlib inline
nb_alphas = 250
nb_observations = int(0.3 * 252)
quality = 0.6 * np.ones((nb_alphas // 6, nb_alphas // 6))
value = 2.4 * np.ones((nb_alphas // 2, nb_alphas // 2))
momentum = 2.6 * np.ones((int(nb_alphas * (1 - 1/6 - 1/2) +
1),int(nb_alphas * (1 - 1/6 - 1/2) + 1)))
correl_mom_value = -1.2 * np.ones((int(nb_alphas * (1 - 1/6)) +
1,int(nb_alphas * (1 - 1/6)) + 1))
correl = (block_diag(quality, correl_mom_value) +block_diag
(quality, momentum, value)) / 3
np.fill_diagonal(correl, 1)
mean_returns = np.zeros(nb_alphas)
volatilities = ([np.sqrt(0.1 / np.sqrt(252))] * (nb_alphas // 3) +
                [np.sqrt(0.3 / np.sqrt(252))] * (nb_alphas - nb_alphas
// 3 - nb_alphas // 6) +
                [np.sqrt(0.5 / np.sqrt(252))] * (nb_alphas // 6))
```

```
covar = np.multiply(correl,
                    np.outer(np.array(volatilities),
                             np.array(volatilities)))
covar = pd.DataFrame(covar)
plt.pcolormesh(correl)
plt.colorbar()
plt.title('相关矩阵')
plt.show()
plt.pcolormesh(covar)
plt.colorbar()
plt.title('协方差矩阵')
plt.show()
```

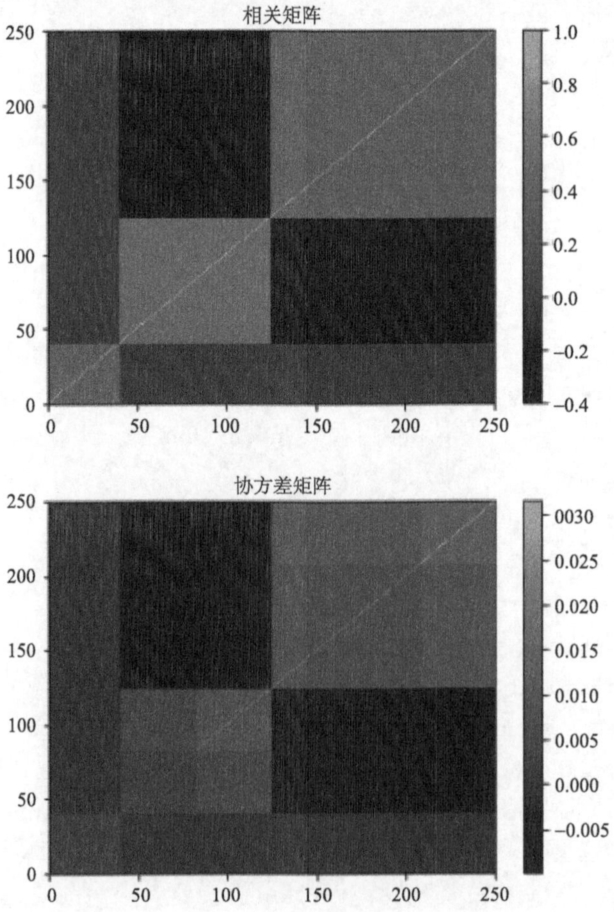

图 8.7　分层风险率

```
    alphas_returns = np.random.multivariate_normal(mean_returns,
cov=covar, size=nb_observations)
    alphas_returns = pd.DataFrame(alphas_returns)
    plt.figure(figsize=(20, 10))
    plt.plot(alphas_returns.cumsum())
    plt.title('不同alpha值的结果', fontsize=24)
    plt.show()
```

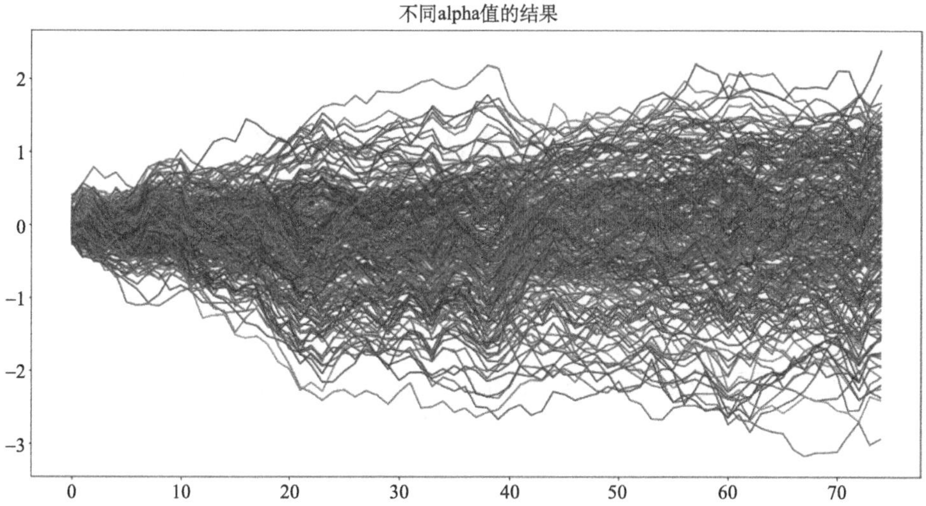

图 8.8　不同 α 值的结果

8.3　深度学习在金融市场中的应用场景

案例 8.10　深度学习在金融市场中的应用

本案例场景中展现的是我们使用 A 股市场的股票日数据，通过神经网络预测未来的股价走势，从而构建投资组合的过程。

1. 数据预处理：我们使用 A 股市场 2016～2019 年个股的数据，包括开盘价、收盘价、日内最高价、日内最低价、成交量、成交额六条基本特征，通过卷积神经网络 CNN 来预测个股未来两天收益率，我们对数据预处理，包括数据读取、数据清洗（去除停牌日数据等）、数据切片、标准化等操作。

2. 建模：模型主要使用两层一维 CNN 网络进行构建。

3. 回测：采用真实数据回测的方式，用 2020 年以来的数据进行回测，查看回测收益。回测的具体方式采用两轮游资的方式，即资金等额分成两组，每一组资金在第一天开盘时买入，第二天收盘时卖出，两组资金交叉轮动。每一组资金买入时所选择的股票为前一天预测收益率排名前十名的股票。回测结果如图 8.9 所示。

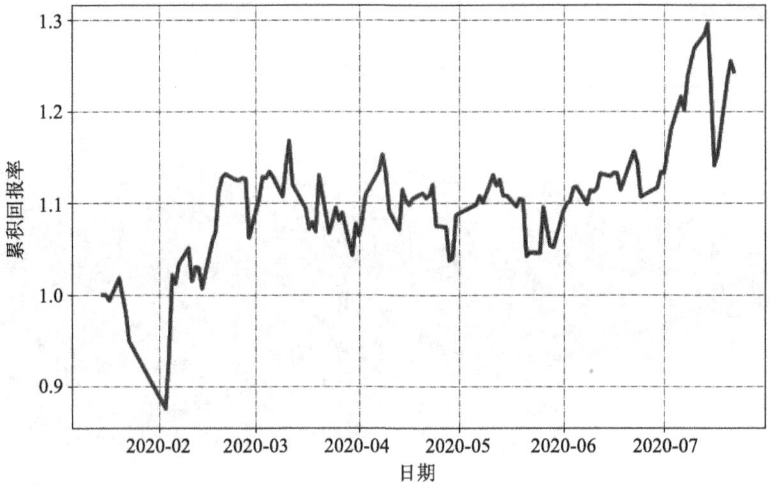

图 8.9　回测数据

数据处理与模型构建：

```
import pandas as pd
import numpy as np
import random
import matplotlib.pyplot as plt
from keras import Input
from keras.models import Model
from keras.layers import Dense, Conv1D, Flatten
from keras.callbacks import EarlyStopping

#参数设置
train_begindate = "2016-01-01 00:00:00"
backtest_begindate = "2020-01-01 00:00:00"
timesteps = 10
```

```
    num_features_X = 6
    num_features_y = 1
    train_val_ratio = 0.8

    sec_af_info = pd.read_csv('sec_af_information_table.csv')

    def df_make(data):
        '''
        制作特征，输入的dataframe是原始数据，输出的dataframe行按照日期排列，列
是特征和Y值
        '''
        data.set_index("td_date",inplace=True)
        data = data[["open_price","high_trans","low_trans","latest_
trans","chg_ratio","trans_vol","turnover_ratio","state"]]
        #计算每一天的后复权因子
        data["backward_af"] = 1
        backward_af_info = sec_af_info[(sec_af_info["sec_id"]==code)]
        date1 = train_begindate
        backward_af = 1
        for date in backward_af_info.exright_date:
            if date>train_begindate:
                date2 = date
                data.loc[(data.index>date1) & (data.index<date2),
"backward_af"] = backward_af
                backward_af = backward_af*float(backward_af_info.loc
[backward_af_info["exright_date"]==date,"backward_af"].values)
                date1 = date
            data.loc[(data.index>=date), "backward_af"] = backward_af
        #计算复权后价格
        data["open_price"] = data.apply(lambda x: x["open_price"]*x
["backward_af"], axis=1)
        data["high_trans"] = data.apply(lambda x: x["high_trans"]*x
["backward_af"], axis=1)
        data["low_trans"] = data.apply(lambda x: x["low_trans"]*x
["backward_af"], axis=1)
```

```
        data["latest_trans"] = data.apply(lambda x: x["latest_trans"]*x
["backward_af"], axis=1)
        #调整顺序
        order = ["open_price","high_trans","low_trans","latest_trans",
"trans_vol" ,"turnover_ratio"]
        data = data[order]
        #计算Y值（收益率）
        data["op_shift1"] = data["open_price"].shift(-1)
        data["op_shift3"] = data["open_price"].shift(-3)
        data["2day_ratio"] = (data["op_shift3"]-data["op_shift1"])/data
["op_shift1"]
        data.drop(["op_shift1","op_shift3"],axis=1,inplace=True)
        data.dropna(axis=0,inplace=True)
        return data

    def get_train_XY(data):
        '''
        目的：得到训练集和验证集的X和y
        '''
        data = data[data.index<backtest_begindate] #获取回测日期之前的数
据（已去除停牌）
        num_sample = data.shape[0]-timesteps+1 #样本个数
        dataslice = np.zeros((num_sample, timesteps, num_features_X+2))
#加2是因为含有state变量和y值
        #切片
        for i in range(num_sample):
            dataslice[i] = data.iloc[i:i+timesteps,:num_features_X+2]
        #去掉含有涨跌幅超限的切片
        drop_list = []
        for i in range(num_sample):
            if ((dataslice[i,:,-2]!=0).any()):
                drop_list.append(i)
        dataslice = np.delete(dataslice, drop_list, axis=0)
        #分离X和y
        X = dataslice[:,:,:-2]
```

```
        y = np.zeros(X.shape[0])
        X_copy = np.zeros((X.shape[0],X.shape[1],X.shape[2])) #用来存放
标准化之后的X
        for i in range (X.shape[0]):
            #依次得到y
            y[i] = dataslice[i,-1,-1]
            #切片内标准化，X_copy为标准化之后的数据
            X_copy[i,:,0:6] = (X[i,:,0:6]-X[i,:,0:6].mean())/X[i,:,0:6].
std()
            X_copy[i,:,6:8] = (X[i,:,6:8]-X[i,:,6:8].mean())/X[i,:,6:8].
std()
            X_copy[i,:,8:10] = (X[i,:,8:10]-X[i,:,8:10].mean())/X[i,:,8:10].
std()
            X_copy[i,:,10] = (X[i,:,10]-X[i,:,10].mean())/X[i,:,10].std()
        #打乱
        index = np.arange(X.shape[0])
        random.shuffle(index)
        X_copy2 = np.zeros((X.shape[0],X.shape[1],X.shape[2]))
        y_copy = np.zeros(X.shape[0])
        for i in range(X.shape[0]):
            X_copy2[i] = X_copy[index[i]]
            y_copy[i] = y[index[i]]
        X = X_copy2
        y = y_copy
        #分离训练集和验证集
        num_train = int(X.shape[0]*train_val_ratio)
        X_train = X[:num_train]
        X_val = X[num_train:]
        y_train = y[:num_train]
        y_val = y[num_train:]
        return X_train, X_val, y_train, y_val

    def get_X_test(data):
        '''
        得到回测集的X(也就是X_test)
```

```
    '''
    data = data[data.index>=backtest_begindate]
    num_sample = data.shape[0]-timesteps+1 #回测样本个数
    #回测集长度异常处理
    dataslice = np.zeros((num_sample, timesteps, num_features_X+1))
    #加1是因为含有state变量
    #切片
    for i in range(num_sample):
        dataslice[i] = data.iloc[i:i+timesteps,:num_features_X+1]
    #标记含有停牌日数据的切片
    stop_list = []
    for i in range(num_sample):
        if ((dataslice[i,:,-1]==1).any()):
            stop_list.append(i)
    #得到X_test(未标准化)
    X_test = dataslice[:,:,:-1]
    #切片内标准化
    X_test_copy = np.zeros((X_test.shape[0],X_test.shape[1],X_test.
shape[2])) #用来存放标准化之后的X_test
    for i in range (X_test.shape[0]):
        X_test_copy[i,:,0:6] = (X_test[i,:,0:6]-X_test[i,:,0:6].
mean())/X_test[i,:,0:6].std()
        X_test_copy[i,:,6:8] = (X_test[i,:,6:8]-X_test[i,:,6:8].
mean())/X_test[i,:,6:8].std()
        X_test_copy[i,:,8:10] = (X_test[i,:,8:10]-X_test[i,:,8:10].
mean())/X_test[i,:,8:10].std()
        X_test_copy[i,:,10] = (X_test[i,:,10]-X_test[i,:,10]. mean())/
X_test[i,:,10].std()
    X_test = X_test_copy
    return X_test, stop_list

def CNN_model(X_train, y_train, X_val, y_val, X_test):
    #两层CNN模型
    input_tensor = Input(shape=(timesteps, num_features_X))
    x = Conv1D(12, 3, activation='relu')(input_tensor)
```

```
        x = Conv1D(12, 3, activation='relu')(x)
        x = Flatten()(x)
        output_tensor = Dense(1,activation="tanh")(x)
        model = Model(input_tensor,output_tensor)
        model.summary()
        model.compile(loss='mae', optimizer='rmsprop')
        #模型训练
        earlystopping = EarlyStopping(monitor='val_loss', min_delta =
0.0005, patience=5, verbose=2, mode='min', baseline=None, restore_
best_weights=False)
        callbacks_list = [earlystopping]
        history = model.fit(X_train, y_train, epochs=80, batch_size=100,
validation_data=(X_val, y_val), callbacks=callbacks_list, verbose=0,
shuffle=True)
        #画损失函数下降图
        plt.plot(history.history['loss'], label='train_loss')
        plt.plot(history.history['val_loss'], label='val_loss')
        plt.legend()
        path = "/testan/AIStock/image/"+code+".png"
        plt.savefig(path)
        #做预测
        y_pred = model.predict(X_test)
        return y_pred


    df = pd.read_pickle('/testan/AIStock/daily_of_A_cleaned.pkl') #读
入清洗之后的数据
    codeset = df["sec_id"].unique() #满足条件的所有A股代码
    assetlist = codeset[:300] #本次模型所使用的股票代码集合
    #初始化预测值的dataframe
    #初始化之前得知道回测集包含的时间
    backtest_date = df.td_date.unique()
    backtest_date = backtest_date[backtest_date>="2020-01-01 00:00:00"]
    backtest_date = backtest_date[timesteps-1:-3]
    #初始化
```

```
    empty = np.zeros((len(backtest_date),len(assetlist)))
    y_pred_2day = pd.DataFrame(empty, index=backtest_date, columns=
assetlist)

    for code in assetlist:
        print(code)
        data = df[df["sec_id"]==code]
        data = df_make(data)
        #print(data)
        X_train, X_val, y_train, y_val = get_train_XY(data)
        #print(X_train.shape,X_val.shape,y_train.shape,y_val.shape)
        data = data[data.index>=backtest_begindate]
        num_sample = data.shape[0]-timesteps+1 #回测样本个数
        if num_sample!=len(backtest_date):
            y_pred_2day[code] = -1
            continue
        X_test, stop_list = get_X_test(data)
        print(X_test.shape)
        #print(X_test)
        #得到单个股票的两日预测收益率
        y_pred = CNN_model(X_train, y_train, X_val, y_val, X_test)
        #含有停牌数据的赋值为-1，确保选股时不会被选到
        y_pred[stop_list]=-1
        #print(y_pred)
        #print(y_pred.shape)
        y_pred_2day[code] = y_pred
        #print(y_pred_2day)
    y_pred_2day.to_csv('/testan/AIStock/y_pred_2day.csv')
    print(y_pred_2day)


    回测程序，计算收益率
    import pandas as pd
    import numpy as np
    import matplotlib.pyplot as plt
```

```
from datetime import datetime
#参数设置
timesteps = 10
train_begindate = "2016-01-01 00:00:00"
backtest_begindate = "2020-01-01 00:00:00"
stock_num = 10 #选取预测收益率最高的股票个数
fee = 0.0014
#读入预测收益率数据
y_pred_2day = pd.read_csv('y_pred_2day.csv')
y_pred_2day.set_index("Unnamed: 0",inplace=True)
#读入回测集日期的原始数据(全股票，特征只用开和收)
backtest_data_all = pd.read_csv('backtest_data.csv')
backtest_data_all.set_index("Unnamed: 0",inplace=True)
#回测集日期
backtest_date = backtest_data_all.td_date.unique()
backtest_date = backtest_date[timesteps-1:-3]

#初始状态设置
pcp1 = 0.5 #principle本金
pcp2 = 0.5
rate1 = 0
rate2 = 0
pcp = np.zeros(len(backtest_date))
pcp[0] = 1

for k in range(len(backtest_date)-1):
    print(k)
    if k%2==0:
        #Day1
        pred_date = backtest_date[k] #基于这一天及之前的数据预测，即
trading_date的后一天
        trading_date = backtest_date[k+1] #交易当天的日期，即pred_date
的后一天
        codeset1 = y_pred_2day.loc[pred_date,:].sort_values (ascending=
False)[:stock_num].index.tolist()  #选出预测收益率最高的stock_num个股票
```

```
            backtest_data1 = backtest_data_all[backtest_data_all.
sec_id. isin(codeset1)] #选出的stock_num个股票的数据
            #计算codeset1股票收益率
            ratio1 = np.zeros(stock_num)
            i = 0
            for code in codeset1:
                op = backtest_data1[(backtest_data1.td_date==trading_
date) & (backtest_data1.sec_id==code)].open_price.values[0] #开盘价
                cl = backtest_data1[(backtest_data1.td_date==trading_
date) & (backtest_data1.sec_id==code)].latest_trans.values[0] #收盘价
                ratio1[i] = (cl-op)/op-fee
                i = i+1
            rate1 = ratio1.mean()
            if k!=0:
                #计算codeset2股票收益率
                ratio2 = np.zeros(stock_num)
                i = 0
                for code in codeset2:
                    op=backtest_data2[(backtest_data2.td_date==pred_date)
& (backtest_data2.sec_id==code)].open_price.values[0]
                    cl = backtest_data2[(backtest_data2.td_date==trading_
date) & (backtest_data2.sec_id==code)].latest_trans.values[0] #前一天
的开盘价与今天的收盘价
                    ratio2[i] = (cl-op)/op-fee
                    i = i+1
                rate2 = ratio2.mean()
                pcp2 = pcp2*(1+rate2)
            pcp[k+1] = pcp1*(1+rate1)+pcp2*(1+rate2)
        elif k%2==1:
            #Day2
            pred_date = backtest_date[k] #基于这一天及之前的数据预测，即
trading_date的后一天
            trading_date = backtest_date[k+1] #交易当天的日期，即pred_date
的后一天
```

```
        codeset2 = y_pred_2day.loc[pred_date,:].sort_values(ascending =
False)[:stock_num].index.tolist()
        backtest_data2 = backtest_data_all[backtest_data_all.sec_id.
isin(codeset2)] #选出的stock_num个股票的数据
        #计算codeset1股票收益率
        ratio1 = np.zeros(stock_num)
        i = 0
        for code in codeset1:
            op = backtest_data1[(backtest_data1.td_date==pred_date)
& (backtest_data1.sec_id==code)].open_price.values[0]
            cl = backtest_data1[(backtest_data1.td_date==trading_date)
& (backtest_data1.sec_id==code)].latest_trans.values[0] #前一天的开盘
价与今天的收盘价
            ratio1[i] = (cl-op)/op-fee
            i = i+1
        rate1 = ratio1.mean()
        pcp1 = pcp1*(1+rate1)
        #计算codeset2股票收益率
        ratio2 = np.zeros(stock_num)
        i = 0
        for code in codeset2:
            op = backtest_data2[(backtest_data2.td_date==trading_date)
& (backtest_data2.sec_id==code)].open_price.values[0]
            cl = backtest_data2[(backtest_data2.td_date==trading_date)
& (backtest_data2.sec_id==code)].latest_trans.values[0] #前一天的开盘价
与今天的收盘价
            ratio1[i] = (cl-op)/op-fee
            i = i+1
        rate2 = ratio2.mean()
        pcp[k+1] = pcp1*(1+rate1)+pcp2*(1+rate2)
    #画收益率图
    xdate = [datetime.strptime(str(x), '%Y-%m-%d %H:%M:%S') for x in
backtest_date]
    xdate = np.array(pd.Series(xdate).dt.date)
    fig = plt.figure(figsize=(10, 6), dpi=80)
```

```
plt.grid(ls='-.', c='grey')
plt.xlabel('Date', size=16)
plt.ylabel('Cumulative Return', size=16)
plt.title('Cumulative Return', size=20, y=1.05)
plt.plot(xdate, pcp, linestyle='-', lw=3)
path = "/image/Cumulative_Return.png"
plt.savefig(path)
plt.show()
```

主要参考文献

Krish Naik. 2019. Hands-On Python for Finance. Birmingham: Packt Publishing.

Shayne Fletcher, Christopher Gardner. 2009. Financial Modelling in Python. Chichester: John Wiley & Sons.

Yves Hilpisch. 2018. Python for Finance-Mastering Data-Driven Finance. 2nd Ed. Sebastopol: O'Reilly Media.